ALLES MYTHOS!

20 populäre Irrtümer über die Steinzeit

Waltraud Sperlich

ALLES MYTHOS!

20 populäre Irrtümer über die Steinzeit

THEISS

Die Deutsche Nationalbibliothek verzeichnet diese Publikation in der Deutschen Nationalbibliografie; detaillierte bibliografische Daten sind im Internet über http://dnb.d-nb.de abrufbar.

Der Konrad Theiss Verlag ist ein Imprint der WBG.

Die Herausgabe des Werkes wurde durch die Vereinsmitglieder der WBG ermöglicht.
Lektorat: Dr. Birgit Wüller, Stuttgart
Satz: Satzpunkt Ursula Ewert GmbH, Bayreuth
Einbandabbildungen: © Neanderthal Museum, Mettmann; akg-images
Einbandgestaltung: Stefan Schmid Design, Stuttgart
Druck und Bindung: CPI – Ebner & Spiegel, Ulm
Gedruckt auf säurefreiem und alterungsbeständigem Papier
Printed in Germany

Besuchen Sie uns im Internet: www.wbg-wissenverbindet.de

ISBN 978-3-8062-2538-9

Elektronisch sind folgende Ausgaben erhältlich:
eBook (PDF): 978-3-8062-2539-6
eBook (epub): 978-3-8062-2540-2

INHALT

EINLEITUNG:

MEINE STEINZEIT, DEINE STEINZEIT

Auf die Steinzeit kam der Mensch erst in der Neuzeit. Etwa zur gleichen Zeit, als die Eisenbahn dem Fortschritt Dampf machte und das Automobil in den Köpfen Form annahm, riskierte man auch den Blick zurück. Blickte über die Bibel hinaus, die bis dahin auch Bibel der Wissenschaftler gewesen war. Dass es eine Geschichte vor der Schöpfungsgeschichte gibt, wurde Mitte des 19. Jahrhunderts denkbar. Bis dahin hatte die Genesis die Stunde null der Menschheit festgeschrieben. Ein jüdisches Kirchenoberhaupt bestimmte sogar das genaue Datum: Nach der Glaubensmathematik von Hillel II. erschuf Gott die Welt im Jahr 3761 vor unserer Zeitrechnung. Auch Tage und Monat der Schöpfung wusste der Rabbi anzugeben, der im 4. Jahrhundert n. Chr. das Alte Testament quasi chronometrisch auslegte. Nach seinen Berechnungen ward es Licht am 7. Oktober 3761 v. Chr., und exakt fünf Tage später am 12. Oktober krönte Gott dann sein Schöpfungswerk mit den ersten Menschen. Auch wenn die Christen das mit dem Datum nicht so genau nahmen, stand für sie außer Frage, dass die Erde vor Adam und Eva menschenleer war. Nur zu denken, die beiden hätten womöglich Vorfahren gehabt, wäre schon Sünde gewesen. Eine Todsünde.

Darwin macht einen Strich durch diese Rechnung. Der englische Naturforscher legt Mitte des 19. Jahrhunderts dar, dass es länger als drei Schöpfungstage gedauert haben muss, bis sich der Prototyp einer Spezies zu ihrer heutigen Gestalt entwickelt hatte. Diese Idee von einer Evolution passt der Kirche ganz und gar nicht ins Konzept; sie brandmarkt Darwins Werk *Von der Entstehung der Arten* als Teufelswerk – woran man sich in streng religiösen Kreisen noch heute hält.

Die Natur selbst widerspricht der biblischen Doktrin. Fossilien sagen etwas ganz anderes aus als die Genesis. Und sie sprechen für Darwin. Die versteinerten Lebewesen rütteln gleich ihm an den Glaubenssätzen, dass ein jegliches nach seiner Art von Anfang an vollkommen war. Bis diese Tiere in Stein selbst zu Stein wurden, dauerte es mit Sicherheit länger als die knapp 6000 Jahre, somit sind sie weitaus älter als das Alte Testament einräumt. Stirbt ein Insekt, ein Käfer oder ein Fisch, braucht es, bis ihre Überreste zum Fossil werden, eher Jahrmillionen als Jahrtausende, was an der Tiefe der Gesteinsschicht, in die sie eingebettet sind, abzulesen ist.

Dann kommen 1856 im Neandertal bei Düsseldorf Knochen zum Vorschein, zum Teil bereits fossiliert, was auf ein hohes Alter hinweist. Als der Entdecker feststellt, dass es menschliche Gebeine sind, steht für ihn fest, Adams Urahn gefunden zu haben. Völlig unmöglich, kanzeln ihn manche Vertreter der deutschen Wissenschaftszunft ab. Kraft ihrer Stellung setzen sie dann bis zum Beginn des 20. Jahrhunderts ihre Anschauung durch: Der Neandertaler sei kein Vormensch, sondern ein Unmensch.

Auch als sich nicht mehr wegdiskutieren lässt, dass es sich um die Überreste eines frühen Menschen handelt, sieht man in ihm wenig Menschliches. Als hätten die Gelehrten immer noch die Bibel im Hinterkopf, so mutet ihre Sichtweise des Neandertalers an. Er konnte ja nicht die Krone der Schöpfung sein, denn die hatte Gott erschaffen. Also macht man den Frühmenschen zum Affen, folgert, dass er keine Sprache besessen haben konnte. Höchstens wüste Laute hätte er ausgestoßen, dazu furchteinflößend mit der Keule gedroht und Felsbrocken geschleudert. Tumbe Höhlenmenschen, die nichts konnten und nichts schufen. Tiere halt.

Wehe denen, die da finden, möchte man stöhnen, betrachtet man die Geschichten großer Entdeckungen, die mit der Steinzeit zu tun haben.

Nordspanien im Jahre 1879. Don Marcelino Sanz de Sautuola ist Gutsherr an der iberischen Atlantikküste, bekannt als Eigner stattlicher Rinderherden. Rote Rinder werden ihn einmal sehr berühmt machen, Rinder, die allerdings unter der Erde weiden. Er weiß um jene Höhle auf seinen Ländereien, die unter dem Namen Altamira dereinst weltbekannt werden wird, hat sie auch bereits erkundet, ihren Schatz aber „untersehen". Seine Tochter Maria entdeckt dort beim Spielen, was ihm bis dahin entgangen ist: Malereien an der Höhlendecke. Die roten Wisente springen ihm förmlich ins Auge, hatten doch die Künstler in 3-D-Manier die Buckel im Fels dazu genutzt, um das Bullige dieser Ur-Stiere lebensecht wiederzugeben. De Sautuola, der sich als Hobby-Archäologe bezeichnet, schreibt begeistert an Émile Cartailhac, den damals Tonangebenden der Prähistoriker, und lädt ihn ein, die Höhle zu besichtigen, da Zeichnungen dieser Art und dieser Güte bis dato unbekannt waren. Der Franzose hohnlacht nur und tut die Malerei als „vulgären Streich eines Schmierers" ab, die er und seine Kollegen weiß Gott nicht für wert erachteten, auch nur einen Blick darauf zu werfen.

Altamira muss 23 Jahre auf die Wertschätzung warten. Als dann um die Jahrhundertwende auch in Frankreich Malereien von ähnlicher Qualität in einer bis dahin verschlossenen Höhle gefunden werden, sieht Émile Cartailhac seinen Irrtum ein und entschuldigt sich 1902 öffentlich in einem Aufsatz bei de Sautuola für seine Ignoranz.

Da ist der Entdecker der roten Wisente schon lange tot. De Sautuola hat den Ruhm Altamiras nicht mehr erlebt, die als erste – und für viele Forscher auch als die schönste – Galerie altsteinzeitlicher Malerei, die je gefunden wurde, in die Wissenschaftsgeschichte eingeht.

Eine ähnliche Missachtung ihrer Entdeckung widerfährt einer Forscherin 115 Jahre später: Sie traut ihren Augen nicht. Da, das Rot – das ist doch Farbe an der Höhlenwand! Ganz deutlich ein Strich, daran ein Halbrund – wie eine Figur sieht das aus! Anneliese Peschlow spuckt auf die Felswand. Nicht etwa, um das Findeglück zu beschwören. Für Archäologen ist Nässe ein probates Mittel, verblasste Felsbilder sichtbar zu machen. Ihre Spucke reicht nicht aus, die vermutete Höhlenmalerei besser hervortreten zu lassen. Weil sie es auf der Stelle wissen will, opfert sie den Inhalt ihrer Wasserflasche, was sie, das weiß sie schon jetzt, auf dem langen Rückweg bedauern wird.

Diese Archäologin gräbt nicht, sie wandert. Eigentlich ist sie im Südwesten der Türkei unterwegs, um dem antiken Straßennetz im Latmos-Gebirge nachzugehen. Wahre Highways hatten die Griechen dort zu hellenistischer Zeit in den Bergen angelegt. Um diese Pfade zu finden, die überwuchert und verschüttet sind, ist Anneliese Peschlow auf die Hilfe der Hirten in dieser Region angewiesen. Und einer von ihnen, einer der Alten, bringt sie von ihren Wegen ab und hin zu dieser Höhle. Bilder seien da drin, Bilder wie von Kindern, hat er sie gelockt. Mit den Reizwörtern „Höhle“ und „Malerei“ sind Altertumswissenschaftler leicht zu ködern.

Das Wasser aus ihrer Feldflasche sorgt dann für Klarheit: Es ist tatsächlich Höhlenmalerei – und was für eine! Ein Bild von einer Frau, deren ausladendes Hinterteil aus dem Rahmen fällt. Ist die Silhouette schon umwerfend, wird der imposante Po zusätzlich mit Ornamenten hervorgehoben. Mit noch mehr Nass kommt ein Gruppenbild mit Damen zum Vorschein, Ladys in Red, die alle ähnlich rundlich sind; an ihren Breitseiten verkümmern die Männer zu Strichmännchen. Scharen dieser Paare bevölkern die Höhlenwand, ziehen sich in trauter Zweisamkeit in Felsnischen zurück oder reihen sich auf der Deckenplatte wie zum Reigen. Frauen und Männer haben den gleichen Kopfputz, ein Gebilde, das wie Zöpfe oder Hörner anmutet. Tragen etwa alle eine Frisur à la Pippi Langstrumpf, oder ist es eine Art früher Trachtenhut mit Gamsbart auf beiden Seiten?

Mit diesen und mehr Fragen bestürmt Anneliese Peschlow ihre Kollegen, doch die winken ab. Keine Begeisterung, als sie ihnen 1994 erste Fotos und Zeichnungen der Höhlenbilder zeigt. Sie solle doch lieber bei ihren Leisten bleiben, wird sie beschieden. Sie als Klassische Archäologin hätte sich allein um römische Tempel und griechische

Säulen zu kümmern. Außerdem seien diese sogenannten Höhlenmalereien doch nur armselige Graffiti, „Schöpfer" wären wahrscheinlich Hirten aus der Gegend. Diese Krakeleien als prähistorische Felsbilder anzusehen, sei ziemlich vermessen, so wird die nun nicht mehr glückliche Finderin abgefertigt.

Anneliese Peschlow hatte letztlich doch Glück und erfuhr sehr bald die gebührende Anerkennung. Anders als ihre deutschen Kollegen erkannten englische und amerikanische Prähistoriker die Bedeutsamkeit ihrer Entdeckung. Bis jetzt hat die Forscherin 125 Höhlen mit Malereien im Latmos entdeckt. Sie deutet diese Felszeichnungen, die nur Zweibeiner und nicht wie sonst Tiere zeigen, als Familienbilder, quasi als Schnappschüsse ländlicher Idylle. Deren Schöpfer waren aus ihrer Sicht späte Steinzeitler, die gerade das Siedeln lernten. Motiv der kreativen Urbauern ist der Mensch, vor allem die Frau, die drall und prall zumindest die Gemälde dominiert.

Im Jahr 2011 darf dann endlich ohne Einwand entdeckt werden. Diesmal ist der Schauplatz eine Höhle auf der Schwäbischen Alb, die sich bereits als wahre Fundgrube für altsteinzeitliche Kunst erwiesen hat. Im Hohle Fels bei Schelklingen wiegt der Amerikaner Nicholas Conard vier Steine in der Hand. Warum so viel Aufhebens um schlichte Kiesel, wo doch der grabende Urgeschichtler an dieser Stelle schon auf so Sensationelles gestoßen ist wie eine Venus aus Mammutelfenbein, die zwar keinen Kopf, aber eine enorme Oberweite hat. Fast 40 000 Jahre hat die Dame auf den Buckeln, was sie bis dato zur weltweit ältesten Darstellung eines Menschen macht.

Die Steine, die Nicholas Conard nicht mehr loslassen, weisen mehrere Reihen roter Punkte auf, die deutlich aufgemalt sind. Das schon ist Besonderheit genug, zählen sie doch damit mit zu den ältesten Zeugnissen frühester Malerei in Mitteleuropa. Den Archäologen interessiert darüber hinaus die Bedeutung der Steine. Waren es Schmucksteine? Spielsteine? Oder wurden sie bei kultischen Handlungen verwendet? Conard geht noch weiter. Er kann sich vorstellen, dass die getupften Steine ein Kalender waren, kein gewöhnlicher für alle Tage, sondern ein Menstruationskalender. Weit hergeholt im doppelten

Sinne, doch bis heute hat ihm nicht ein einziger seiner Fachkollegen widersprochen. Auch keine einzige Kollegin.

Rote Rinder, rote Frauen, rote Punkte – Zeichnungen und Zeichen aus der Steinzeit. Warum Höhlen ausgemalt und Steine betüpfelt wurden, können Wissenschaftler nicht wissen, sondern nur mutmaßen. Auch was diese Bilder bedeuten, sie damals den Menschen bedeutet haben, können die Forscher nur vermuten. Sie gehen aber davon aus, dass das, was der Betrachter in den Bildern sieht, davon abhängt, was ihm durch den Kopf geht, was er im Sinn hat. (Das soll aber nicht heißen, dass Wissenschaftler diese Bilder ganz beliebig deuten und dass de Sautuola zwangsläufig rote Wisente sah, weil er Rinderbaron war. Die Felsbilder von Altamira stellen tatsächlich Rinder dar.)

Vielleicht kommen ja die Erklärungen mitunter aus den Tiefen des Kopfes, aus jenen Tiefen des Gehirns, die ihre Codierung in der Steinzeit erfuhren. Nicht allein Archäologen verspüren den Zauber uralter Ahnungen. Jeder Mensch hat sich ein Stückchen Steinzeit unter dem Bewusstsein bewahrt. Im Stammhirn, dem Grundstock des Gehirns, sind Instinkt, Reflexe und Triebe angesiedelt und pflegen da ihr unergründliches Dasein. Es ist unser sechster Sinn, der uns immer wieder die Existenz dieses entwicklungsgeschichtlich ältesten Teils des Gehirns ins Gedächtnis ruft. Das Stammhirn steuert alles, was uns im Innern ausmacht. Und es ist diese Region des Gehirns, wo Träume fern der Ratio (re)generiert werden. Vielleicht fühlen sich deshalb viele berufen, eine Vorgeschichte zu erträumen, allein kraft ihrer Intuition, dem Werden unserer Kultur nachzuspüren. Als wohne uns allen das Verlangen inne, endlich herauszubekommen, wie es wohl war, als die Menschheit jung war.

Die Steinzeit ist eine Traumzeit für uns Menschen der Jetztzeit. Alles scheint möglich gewesen zu sein in jener kaum fassbaren Zeit so unendlich weit vor der unseren. Wir werden das Gefühl nicht los, dass unsere Urväter und Urmütter es einfach besser hatten. Wenn die alte Zeit die gute ist, muss doch die älteste die beste gewesen sein – oder?

„Früher war nie irgendetwas besser“, meint dagegen der Schriftsteller Andreas Maier.

Je weiter eine Epoche von der Gegenwart entfernt ist, desto größer wird der Raum für Spekulationen. Und die Steinzeit, ältester Abschnitt der Menschheitsgeschichte und mit ihren Jahrmillionen der weitaus längste, bietet da eine riesige Projektionsfläche für all die Wünsche und Träume der Menschheit.

Ist's, weil sich die zeitliche Distanz nicht verkleinern lässt, dass wir so gern die Steinzeitler verkleinern? Aus den Neandertalern niedliche Vorzeitgenossen machen, wie beispielsweise die Familie Feuerstein? Oder trendige Ice Ager, die klein, aber oho es immer irgendwie schaffen, auf Augenhöhe mit Mammut und Säbelzahntiger zu sein? Als urige Spielwiese stellen wir uns die Steinzeit vor, wo Dinos herumtollen und sich ihre schon aufrecht gehenden Spielkameraden ins Menschsein einüben, sich bereits darin versuchen, edel und gut zu sein.

Wie wir die Kindheit idealisieren, so verherrlichen wir auch die Kindheit der Menschheit. Oder wir verfraulichen sie. Man sehe nur die Schar der Steinzeitheldinnen in Filmen und Literatur, wie z. B. eine gewisse Ayla, die immerhin schon Jagd auf Männer macht. Im wirklichen Steinzeitleben sollen, wenn es um den Braten ging, allein die Männer als Jäger unterwegs gewesen sein, lehrmeinen die Wissenschaftler. Um die Beilagen – so deren alte Weltsicht – hatten sich die Frauen zu kümmern; sie sammelten Wildgetreide, Kräuter, Beeren und Nüsse.

Kämpferinnen für die Gleichberechtigung sehen das naturgemäß anders. Gleichberechtigung heißt für sie, dass wenigstens einmal in der langen Menschheitsgeschichte die Frauen das stärkere Geschlecht waren. Wann, wenn nicht in der Steinzeit, verfechten sie ihre These von einer Herrschaft der Mütter, denn für alle Epochen danach weiß man und weiß frau um den Tatbestand, dass die Männer Gesellschaft und Geschehen dominierten. Ihre Sicht der fernen Vergangenheit ist so eher ein Zukunftstraum: Im Fellschurz statt in der Schürze durchs Leben gehen, als stolze Jägerin durch die Landschaften streifen und nicht gebückt als Sammlerin. Dass es einmal so war, fühlen diese

Frauen tief im Innern. Solche wie sie hatten damals das Sagen, überhaupt das Sagen erst erfunden. Wer, wenn nicht sie, hat neben Wurzeln nach Worten geklaubt und ist so auf die Sprache gekommen? Die Männer brächten doch bis heute kein Wort über die Lippen, hätten die Frauen sie nicht zum Widerspruch provoziert.

Sehen sich die Frauen in einer glorreichen Vergangenheit als die Macherinnen an, machen die Männer auf wilden Mann. Auch sie sind auf der Suche nach der verlorenen Steinzeit – ihrer Steinzeit. Für die jetzigen Herren der (Er)schöpfung ist diese Ära das goldenste all ihrer goldenen Zeitalter, denn damals durfte der Mann noch ganz Mann sein. Alle Tage im Jahr und nicht nur am Vatertag. Keine, die fragte: „Schatz, was denkst du jetzt?" Keine, die befahl, den Müll runterzubringen, denn zum einen gab es keinen Müll im heutigen Sinn, und zum anderen tanzten all die wilden Aylas nach seiner Pfeife aus Mammutzahn. Keine, die ihm mit der Cholesterin-Keule die Wildschweinkeulen und blutigen Steaks vergällte. Der alte Fallensteller tief in ihm versucht nun heutzutage, seine Leibspeisen als Steinzeit-Diät auch den Frauen schmackhaft zu machen. Frauen, die leider nicht mehr das sind, was sie einmal waren. Einst Heimchen am Höhlenfeuer, heizen sie ihnen heut ganz anders ein. Gehen sie doch glatt ihre eigenen Wege, als weiterhin treu und brav dem Rudelführer zu Willen zu sein. So ist der stolze Wildbeuter zum Jäger des verlorenen Schätzchens mutiert, der seine Männlichkeit allenfalls noch im Rückwärtseinparken beweisen kann.

Dass uns die Steinzeit durch den Kopf geht und dabei mitunter die Phantasie mit uns durchgeht, liegt am Wildwuchs des Gehirns. Seit den Millionen Jahren menschlicher Existenz ist es mächtig gewachsen, ist jetzt gut dreimal so groß wie das der ersten Menschen. Doch ist es immer noch zu klein, um Ewigkeit und Unendlichkeit ermessen zu können (wobei ein großer Kopf immerhin auf die Relativitätstheorie kam). Aber das Volumen reicht durchaus dafür aus, dass wir reich an Einfällen sind. Neben der Vorstellungskraft hat der große Kopf noch andere Geisteskräfte in petto – er ist fähig, sich neben Geschichte(n) auch Dinge auszudenken. So ist der Mensch auf das Werkzeug gekommen, vom steinernen Faustkeil bis hin zum roboterisierten Bagger, der wie mit Fingerspitzen die Erde abträgt. Der Mensch hat es geschafft, sich Naturgewalten dienstbar zu machen, angefangen beim Feuer für eiszeitliche Winterlager bis hin zur Kernspaltung heutzutage. Nicht nur sein Geist wird beweglicher. Es liegt wohl in der Natur des Menschen, zu neuen Ufern aufzubrechen, sei es im Einbaum von Afrika nach Europa oder mit einer Rakete in den Weltraum.

Da der Mensch nicht nur die Weite, das Große erfahren wollte, suchte er nach dem kaum Sichtbaren erst mit Lupen aus Bergkristall; dem Unsichtbaren ist er nun mit Hilfe des Elektronenmikroskops auf der Spur. Und ausgehend von Additionen im Sand und an der Höhlenwand ist der Mensch beim Rechner angelangt.

Er stößt ins Universum vor, lotet da die Schwarzen Löcher aus. Visiert jetzt auch verstärkt das Schwarze Loch auf Erden an: die fernste Vergangenheit der Menschheit. Die Vorgeschichtler sind nicht länger allein auf weitem Forschungsfeld. Wissenschaftler diverser Fachrichtungen leisten Hilfestellung, steuern ihr Know-how und ihre neuesten Erkenntnisse bei, um den allerersten Errungenschaften nachzugehen. So helfen Geochronologen den Prähistorikern mit neuen Methoden der Datierung, die Steinzeit zu chronologisieren. Mit Atomtechnik lässt sich mittlerweile das Alter von Gestein bestimmen, damit auch das von Fossilien und versteinerten Skelett-Teilen. Chemiker nehmen sich die Palette der Steinzeitkünstler vor und analysieren die Farben, die für die Höhlenbilder angerührt wurden. Botaniker arbeiten ebenfalls archäologisch, sie suchen nach uralter Flora, sichten die Samen und Sporen in sehr tiefen Schichten und „entpulen" der realen Mittelerde das Geheimnis, was zu Steinzeiten grünte und blühte, wo es auf der Welt Wälder gab, wann sie verschwanden und wann sie wieder auferstanden. Klimaforscher können das Wetter vor Tausenden von Jahren „nachhersagen", wissen deshalb recht genau, in welchen Wintern die Neandertaler besonders gefroren haben und wann sie einen der seltenen Sommer erlebten, wo sie fast ohne Fellbekleidung auskamen.

Molekularbiologen rücken dem Neandertaler unter den Pelz; mit der Genanalyse helfen sie den Anthropologen, die Abstammungs- und Entwicklungsgeschichte der Menschen genauer zu schreiben. Wie der Neandertaler lebte, was er, was ihn so trieb, versuchen Ethnologen nachzuzeichnen, indem sie heutige Jäger-und-Sammler-Kulturen studieren. Wie gegenwärtig die Buschmänner in Südafrika, die Indianer am Amazonas und die Papua auf Neuguinea ihren Alltag, ihre Festtage gestalten, lässt Rückschlüsse auf das Geschehen in der Steinzeit zu.

Die Paläontologen, die das Leben jedweder Art längst vergangener Erdzeitalter erforschen, nehmen heutzutage den Umweg über den Weltraum, um schneller in der Vergangenheit anzukommen. Per Satellit, Erkundungsdrohnen und GPS lassen sich leichter jene Stellen auf der Erdoberfläche eruieren, wo der Erdmantel aufgerissen ist und tiefe Einschnitte die Sedimente uralter Zeiten preisgeben. Also auch jene Schichten, die vor Jahrmillionen der Erdboden waren, auf den erste Menschen ihre Schritte setzten – wo sie lernten, aufrecht zu gehen. Und wo sie auch ihr Leben ließen.

Teile versteinerter Gebeine dieser frühen Menschen zu finden gilt bereits als Sensation, gar auf einen Schädel zu stoßen ist der Traum aller Paläoanthropologen und Archäologen. Doch nie im Traum hat einer von ihnen gedacht, jemals mehr von einem Steinzeitler vor Augen zu haben als seine Knochen. Da stolpern Bergwanderer an einem schönen Septembertag 1991 in den Ötztaler Alpen über einen Toten, der, wie Untersuchungen bald zeigen, schon sehr lange tot ist. Vor 5300 Jahren starb er in der Gletscherregion, aber nicht, weil er beim Queren des Firns unachtsam war: Der Mann fiel einem Verbrechen zum Opfer. Sein Leichnam wurde tiefgefroren, lag über die Jahrtausende im Gletscher wie in einer Kühltruhe. Weil aber das Eis heutzutage wegen des Klimawandels nicht mehr so beständig ist, brachte die Schmelze seinen Körper zum Vorschein – einen frühen Menschen mit Haut und Haaren.

Dieser Steinzeitler schafft es in die Schlagzeilen. Von der Presse liebevoll Ötzi genannt, ballen, ja balgen sich um ihn neben den Altertumsforschern auch die Naturwissenschaftler. Spezialisten aus fast sämtlichen Fachbereichen sind an den Untersuchungen beteiligt, als der Mann aus dem Eis letztlich aufgetaut wird. Bei der Autopsie im Herbst 2010 drängen sich sieben verschiedene Teams, denen Chirurgen, Pathologen, Medizintechniker und Mikrobiologen angehören, um den VIP-Patienten aus der Steinzeit. Sie nehmen Muskel- und Lungenproben, bohren ein Loch in Ötzis Becken, um an das passende Knochengewebe für die DNA-Analyse zu kommen. Mit nanotechnologischen Verfahren gelingt es den Forschern sogar, rote Blutkörperchen dingfest zu machen – und somit der Nachweis von Blut, das bis dahin älteste überhaupt. Welche Kleidung, welches Schuhwerk Ötzi trug, von welchen Krankheitskeimen er befallen war – alles an ihm und in ihm untersucht man akribisch; im Computertomographen und per Röntgen wird er weiter durchleuchtet. Ein Radiologe entdeckt schließlich die Pfeilspitze aus Flint in der linken Schulter des Steinzeitlers: Ötzi wurde hinterrücks umgebracht.

Ein Verbrechen, vor Jahrtausenden begangen, wird aufgeklärt, Licht in die finsteren Vorzeiten gebracht – unser Wissen über unsere Urahnen bleibt nicht länger schemenhaft, wie es noch Egon Friedell vor fast 100 Jahren sah: „Die Menschen der Urzeit aber sind für uns eine körperlose Geisterschar: stumm, ohne Antlitz, ein Nebelschwaden. Nur durch Winke und Zeichen, die meist rätselhaft sind, künden sie uns ihr Dasein."

Der gebündelte Einsatz von Hightech und Brainpower gibt der Urzeitforschung gegenwärtig einen mächtigen Schub. Das wissenschaftliche Joint Venture bringt nun das stabil geglaubte Gedankengebäude in Sachen Steinzeit zum Einsturz. Kaum ein Tag vergeht ohne neueste Nachrichten aus der fernsten Vergangenheit. Steinzeit reloaded – und so sind wir denn gezwungen, alte, ja steinalte Vorstellungen über Bord zu werfen. Mit uns Menschen hat es wohl ganz anders angefangen, als wir bislang dachten.

IRRTUM 1:

DIE STEINZEIT IST EINE FEST UMRISSENE EPOCHE

Christian Jürgensen Thomsen hat es mit der Ordnung. Gerade einmal 27 Jahre alt, wird er 1816 zum Leiter der Altnordischen Sammlung im Nationalmuseum von Kopenhagen berufen. Als neuer Besen räumt er erst einmal auf, so wie er es von Haus aus kennt. Der Spross eines erfolgreichen Handelsherrn macht sich, da er das Museum als eine Art Lagerhaus sieht, umgehend an die Inventur. Sichtet also all die Fundstücke und Bruchstücke aus uralten Zeiten, führt akribisch Buch über die verschiedenen Werkzeuge, Gefäße, Waffen und den Schmuck. Die Auflistung allein reicht dem Scherbenzähler nicht, und so brütet der junge Däne bald darüber, wie und wo die Artefakte einzuordnen sind. Ein Buchhalter braucht einfach Posten, sprich Rubriken – aufs Museum übertragen, reduziert sich das für ihn auf die schlichte Frage: In welche Vitrine kommen welche Stücke?

Das Jahr 1816, in dem Jürgensen Thomsen seine Abteilung im Kopenhagener Museum reorganisiert, wird als das Jahr ohne Sommer in die Annalen eingehen. Warum es auf der nördlichen Erdhalbkugel im Juli wie August schneit und Dauerfrost die Ernten vernichtet, erschließt sich den Menschen erst über 100 Jahre später. Dass die Altnordische Sammlung Funde aus einer anderen Eiszeit birgt, wird sich dem jungen Museumschef nie erschließen. Die Ausstellungsstücke, die er gerade in Händen hält, scheinen recht alt zu sein. Wie alt sie sind, davon hat er nicht die geringste Ahnung. Altersbestimmung liegt den Altertumskundlern zu der Zeit, wo der Ausbruch des indonesischen Vulkans Tambora ein Jahr zuvor nicht in Verbindung mit dem winterlichen Sommer 1816 gebracht wird, noch fern.

Wenn also die Artefakte nicht nach Alter zu ordnen sind, welche Möglichkeiten bleiben einem ordnungsvernarrten Kurator dann noch? Jürgensen Thomsen unternimmt in den Schneegestöbern dieses Sommers lange Gedankengänge, bis er endlich auf die Lösung kommt: Er wird die Fundstücke nach den Werkstoffen sortieren, aus denen sie gefertigt sind. In den ersten Schaukasten packt er alle Geräte aus Stein, wie z. B. Kratzer und Spitzen; in den nächsten räumt er die bronzenen Schwerter und Schmuckstücke ein, und in einem dritten verstaut er die Waffen und das Werkzeug aus Eisen.

Nach getaner Aufräumarbeit steht Jürgensen Thomsen vor den Vitrinen und lässt seinen Blick wohlgefällig über die neue Ordnung schweifen. Und weil er so gern alles überschaubar hat, reift in ihm eine weitere Idee: Was, wenn sich die Vorgeschichte ebenfalls nach den Materialien gliedern ließe? Mit der Steinzeit hätte alles begonnen, gefolgt von der Bronzezeit, und dann käme die Eisenzeit als letzter Abschnitt der Vorgeschichte.

Als Jürgensen Thomsen den Begriff „Steinzeit“ prägt, scheint die ganze Welt mit Ordnen und Einteilen beschäftigt zu sein. In der Politik werden auf dem Wiener Kongress von 1814/15 die Grenzen in Europa neu festgelegt und neue Staaten konstituiert. In der Wissenschaft sind es die Geologen, die sich 1815 ans Sortieren der Erdgeschichte machen. Der Engländer William Smith ist mit einer Chronologisierung der Erdzeitalter seiner Zeit und seiner Zunft weit voraus. Doch wie viele Vorreiter erntet der Geologe statt Ruhm erst einmal Spott. Als Strata-Smith, den „Schichten-Smith“, tun ihn seine Kollegen ab, weil er in der Erdschichtung den Schlüssel zur Zeitmessung sieht. Sedimentgestein habe sich Schicht für Schicht auf die Erde gelegt, ganz wie Jahresringe an einem Baum – geologisch eher Jahrmillionenringe, wie sich bald herausstellen wird. Anders aber als bei den Bäumen sind in den Sedimentauflagen keine Ringe zu erkennen. Wenn also beim Gestein auf Gestein eine Schicht der anderen gleicht, wie will William Smith da bloß Zeitzonen bestimmen? Ganz einfach wie schwer: mit Steinen, die keine Steine sind. Zeitmarker sind für ihn versteinerte Urtierchen, und da besonders die Fossilien der Ammoniten, längst ausgestorbene Kopffüßler mit einer Art von Schneckenschale, die sich in den ersten Ozeanen über einen Zeitraum von 350 Millionen Jahren kontinuierlich fortentwickelt haben. Die Evolutionsschritte dieser Vorläufer der Tintenfische nimmt Smith als Zeitabschnitte; später wird Smiths Zeitgenosse und Kollege Leopold von Buch den Begriff „Leitfossil" für die versteinerte Spezies einführen, die ein Erdzeitalter kennzeichnet. Meist ist es ein Ammonit, mitunter aber auch ein Schwein. So markieren in Afrika die versteinerten Hauer des Borstentieres jene Vorzeiten, in denen der Mensch seine ersten Auftritte hatte.

Ordnung mag zwar das halbe Leben sein, im Fall von Jürgensen Thomsen ist sie nicht mal annähernd die halbe Geschichte. Als der Däne die Vorzeiten auf die genannte Weise grob periodisiert, ist der Neandertaler noch ein Unbekannter, liegen die Höhlenmalereien noch weitere 63 Jahre im Dunkeln, und keiner hat auch nur eine Ahnung von Lucy und ihrer Sippe, jenen Vormenschen, die in Afrika ihrer Entdeckung harren. So verlockend es auch sein mag, Stein, Bronze und Eisen quasi als Leitfossilien der Altertumskunde zu nehmen, so sagt doch das Material nichts darüber aus, zu welcher (Vor-)Zeit beispielsweise aus einem Feuersteingeröll ein Schaber hergestellt wurde. Wenn also als Steinzeit jene Epoche definiert wird, in der erste Menschen mit Werkzeug aus Stein hantierten, stellt sich doch die Frage nach der Stunde null. Wann fing die Steinzeit an? Wann entstand der erste Faustkeil? Waren es schon Menschen so wie wir, die diese ersten Werkzeuge fertigten und nutzten? Nachdem Jürgensen Thomsen die Steinzeit angedacht hat, gelingt es einer englischen Lady ungefähr 130 Jahre später, all diese Fragen mit einem Schlag zu beantworten. Fürs Erste.

Mary Nicol zupft an ihren weißen Handschuhen. Höher, näher an die Manschetten ihrer Bluse heran, um den Gefahren an ihrer neuen Arbeitsstätte zu trotzen. Doch vergebens. Wie ein roter Armreif umschließt der Sonnenbrand ihre Handgelenke. Fast als Schmuck sieht die junge Frau die schmerzhaft gerötete Haut an, als ein Brandzeichen, zum engeren Zirkel der tonangebenden Paläoanthropologen zu gehören. Zu jenen Wissenschaftlern also, die den Ursprung der Menschheit erforschen.

Ohne ein Studium absolviert zu haben, ist sie ganz oben angelangt, was auf ihrem künftigen Forschungsfeld immer ganz unten bedeutet: aktuell die Olduvai-Schlucht in Tansania. Hier im Osten Afrikas hat der Regen von Jahrmillionen den Gelehrten zugearbeitet, haben die Wasser die Landmassen zu einem Canyon ausgewaschen, der 50 Kilometer lang und bis 100 Meter tief ist. Eine Mondlandschaft, die eine Traumlandschaft für Paläoanthropologen ist, finden sie doch in der Schlucht zuhauf, was für sie wahre Bodenschätze sind.

In der Mördersonne nahe dem Äquator gleißen Gebeine. Ein Tal des Todes ist die Olduvai-Schlucht – und das nicht nur wegen der sengenden Hitze. Was vor Jahrmillionen auf Erden kreuchte und fleuchte, ist hier zu finden, einst eingebettet im Sediment, bis dann die Knochen und Knöchelchen durch Erosion freigelegt wurden. Ein Friedhof der Fossilien, der bereits ab 1900 von all denen überrannt wird, die Jagd auf versteinerte Tiere machen. Der Run nimmt noch zu, als 1911 die Überreste eines Urpferdes entdeckt werden.

„Wo es Urtiere gab, muss es auch die ersten Menschen gegeben haben“, denkt Louis Leakey, seit er denken kann. Als Forscher nun denkt er es laut, avanciert damit zum Querdenker unter den Paläoanthropologen, für die damals quasi Naturgesetz ist, dass der Mensch nur aus Europa stammen kann, und da bevorzugt aus England. Afrika sei die Wiege der Menschheit, hält Leakey höchst publikumswirksam dagegen, er hat zwar noch keinen Beweis gefunden, macht aber die Suche zur spannenden Story.

Dieser Ausgräber schillert, hebt sich für die breite Öffentlichkeit wohltuend von seinen Kollegen ab, alles graue Wühlmäuse, die im Stillen graben, im Stillen finden und deshalb als langweilig empfunden werden. Leakey hingegen ist durch und durch einer dieser Abenteurer, wie sie in den Büchern eines Ernest Hemingway oder Joseph Conrad stehen. Als Kind englischer Missionare 1903 in Nairobi geboren, sieht er Afrika zeitlebens als seine Heimat an; und die Olduvai-Schlucht, die praktisch vor der Haustür liegt, ist sein Abenteuerspielplatz von frühester Jugend an. Um seiner unbändigen Forschungslust einen soliden Rahmen zu geben, studiert er Anthropologie und Archäologie in England; als aber 1924 der Schädel eines frühen Menschen – eines kleinen Kindes, wie die Milchzähne zeigen – im südafrikanischen Taung entdeckt wird, ist er kaum noch in den Bibliotheken von Cambridge anzutreffen, da er sich von nun an in das vergräbt, was er als die einzige Forschungsarbeit von Wert bezeichnet. Er organisiert diverse Ausgrabungen in Afrika, um auch einen zu finden, einen dieser Urmenschen, der seiner Theorie endlich Hand und Fuß geben soll. Vielleicht sogar Kopf, so er großes Glück hat.

Louis Leakey findet wenig – und wenn, sind es Tierknochen –, doch er hat viel zu erzählen, wie auf einer Willkommensparty, die ihm zu Ehren 1933 in Cambridge gegeben wird. Mary Nicol, gerade 20 geworden, ist unter den Gästen, weil sie endlich auch zu den Archäologen gehört, im weitesten Sinne. Immerhin war sie gerade bei Ausgrabungen in Südwestengland dabei – dort zuständig für das Zeichnen der Funde. Schon als kleines Mädchen träumte sie davon, Archäologin zu werden; sie hat die Ausgräberin nicht nur gespielt, denn im Alter von zwölf nahm sie bereits an den Ausgrabungen in einer der Höhlen von Les Eyzies de Tayac in Frankreich teil. Gern hätte Mary Nicol Archäologie studiert, doch die Universität von Oxford verweigerte ihr die Zulassung, da ihre Schullaufbahn eine unrühmliche war. Von zwei Internaten wurde sie verwiesen, nicht weil sie zu frech, sondern zu frei gewesen war. Ein ungebärdiges Kind, unangepasst, das nie Konventionen lernte – wie auch, wurde sie doch von einem Freigeist von Vater bis zu ihrem 13. Lebensjahr im Ausland erzogen. Die Universität Oxford bedauert bald sehr, Mary Nicol abgewiesen zu haben. Um sie doch noch in ihren Reihen zu wissen, wird der mittlerweile weltberühmten Paläoanthropologin dann 1951 die Ehrendoktorwürde verliehen.

Noch ist sie ein Zaungast, ausgeschlossen vom ordentlichen Wissenschaftsbetrieb, als sie Louis Leakey auf dieser Party trifft und die beiden sich im Auge der Feier umkreisen. Er, der etwas darstellt in der Gelehrtenwelt, und das auch im eigentlichen Sinne des Wortes. Sie, eine ernsthafte junge Frau, deren unabhängiger Geist ihr ein Studium verbaute. Diese zwei, die sich der Vergangenheit verschrieben haben, sehen sich mit einem Mal in die Gegenwart katapultiert, weil sie von einer gemeinsamen Zukunft nicht nur träumen. Da Leakey bereits verheiratet ist, setzt sich das Paar nach Afrika ab, um dem Gerede in England zu entgehen.

Heiß ist es, staubig und gefährlich, doch für Mary Nicol ist die Olduvai-Schlucht paradiesisch. Sie arbeitet Seit' an Seit' mit dem großen Leakey in einer Region, wo Funde geradezu garantiert sind, und auf einem Gebiet, das sie immer anstrebte. Der afrikanische Busch nimmt sie gefangen, zeit ihres Lebens wird sie das Zelt einem festen Haus vorziehen, ganz so, als sei sie ein lebender Feldversuch in Sachen Steinzeit.

Mary Nicol bringt Ruhe in Leakeys Grabungen, erdet den Luftikus, der er ja auch in der Forschung ist. Sie, die nie studiert hat, wird Leakeys Unternehmungen endlich zu solide wissenschaftlichen machen. „Theorien kommen und gehen, Bestand hat nur verlässliches Fundmaterial", ist einer ihrer Leitsprüche und leise Kritik an ihrem Ehemann – 1936 haben Leakey und sie geheiratet –, der es wie kein anderer versteht, wüst und wunderbar zugleich zu spekulieren.

Louis Leakey sucht in Afrika nach den ersten Menschen. Bevor Mary Leakey schließlich einen davon findet, stößt sie in der Olduvai-Schlucht zuhauf auf das, was dieser in Händen hielt: den Prototyp eines Werkzeugs. Die Spürnase für Faustkeile muss ihr in die Wiege gelegt worden sein, war es doch einer ihrer Vorfahren, der als Erster im England des 18. Jahrhunderts diese Urwerkzeuge entdeckte und auch deren hohes Alter erkannte. „Lang, lang vor unserer Zeit, vielleicht auch lang vor unserer gegenwärtigen Welt, in einer anderen Welt, als wir sie kennen", seien diese Keile gefertigt worden, notierte damals dieser John Frere, was eher Orakel als annähernd eine Datierung ist.

Faustkeil ist nicht gleich Faustkeil, das weiß Mary Leakey, seit sie bei Ausgrabungen in einer der Höhlen von Les Eyzies de Tayac mitgeholfen hat. Da gibt es zum einen die großen und groben, die schwer in der Hand liegen. Dann die feineren mit Spitze, die so schön anzufassen sind. Neben den Handschmeichlern die gefährlichen Modelle, die eine ultrascharfe Doppelklinge aufweisen. Was all diese Geräte eint und für den Wissenschaftler zu Faustkeilen macht, sind die zwei Schneiden – der Stein wurde beidflächig beschlagen.

Die Artefakte, die Mary Leakey nun in der Olduvai-Schlucht entdeckt, täte ein Laie als Geröll, als einfache Kiesel ab. Ihren Blick muss man haben, um zu erkennen, was oder wer einen Stein formte. War es schlicht die Natur? Wind, Wasser und andere Gewalten? Hat der Sand des Flusses den Stein so geschmirgelt und geschliffen oder ist es vielleicht doch die Arbeit eines Menschen?

Als Erstes fällt Mary Leakey an den Steinen auf, dass es fremde Steine sind, die ansonsten in den Schichten der Olduvai-Schlucht nicht vorkommen. Und genau besehen weisen diese Fremdkörper Bearbeitungsspuren auf: Die Gerölle sind jeweils auf einer Seite behauen. Nicht etwas, sondern jemand muss sie hierhergebracht haben, schon beschlagen oder als Rohlinge, die dann an Ort und Stelle bearbeitet wurden. Als Chopper bezeichnet Mary Leakey die einfach bearbeiteten Gerölle, sieht in ihnen eine Vorform des Faustkeils und vermutet, dass diese Werkzeuge älter sein müssen als die „fortschrittlichen" mit zwei Schneiden.

Aufgrund der Fossilien in der Gesteinsschicht, aus der die handlichen Gerölle stammen, kann man in den vierziger Jahren des letzten Jahrhunderts nur relativ – in Bezug auf das Leitfossil – datieren, wann sie behauen wurden. Vor etwa 2,6 bis 1,5 Millionen Jahren sind diese Urwerkzeuge entstanden, deren Fundort bald den ältesten Abschnitt der Steinzeit benennt: Als Oldowan-Kultur firmiert von nun an der Anfang menschlichen Schaffens in den Lehrbüchern.

Wer aber hat diese Chopper benutzt? Wie sahen die Menschen aus, die diese Steine bei sich trugen, sie zu grobem Werkzeug zurechtschlugen? Waren es überhaupt schon Menschen?

Dunstschwaden durchziehen die Olduvai-Schlucht, es ist tiefster tropischer Winter, als Mary Leakey am 17. Juli 1959 aus ihrem Zelt tritt. Ob sie da schon eine Ahnung hat, dass dies einer ihrer Glückstage werden wird? In Fachkreisen ist Leakeys „luck“ bereits sprichwörtlich, aber es ist immer sie, die das Glück hat, etwas Besonderes zu finden. Auch heute macht sie sich allein zur Grabung auf, da ihr Mann mit Fieber darniederliegt. Louis Leakey ist ohnehin selten beim alltäglichen Scharren und Sieben anzutreffen; er sondiert eher neue Ausgrabungsstätten oder neue Möglichkeiten, an Geld für die Forschungsarbeit zu kommen.

Mary Leakey forscht lieber, und sie forscht lieber allein, nicht getrieben von für sie nebensächlichen Dingen wie Ruhm und Geld. Sie atmet durch. Die Luft ist gut nach der Regenzeit, die Sicht ist es weniger, weil Wolken die Schlucht verdunkeln. Da grenzt es an ein Wunder, dass sie das Stückchen von einem fossilen Knochen entdeckt, der sich von der ihn umgebenden Steinschicht kaum abhebt. Vorsichtig löst sie den Knochen aus dem Geröll und sieht, dass es ein Unterkiefer ist, in dem noch die Backenzähne stecken. Mächtige Backenzähne. „Lass sie bitte nicht von Schweinen stammen“, stoßbetet sie, erkennt dann aber ziemlich schnell, dass es sich um menschliche Molaren handelt.

„Hallo Nussknacker“, begrüßt Mary Leakey das Riesengebiss, und dieser Name wird haften bleiben. Einer von vielen Namen, die sie dem halben Menschen aus der Olduvai-Schlucht gibt. Als die Knochenfragmente aus dem Stein herausgelöst sind, ergeben sie bis auf wenige Lücken einen ganzen Schädel mit einem Unterkiefer, der mit einer vollständigen Bezahnung glänzt. Dass noch alle Zähne erhalten sind, ist nicht der einzige Hinweis auf die Jugend des Nussknacker-Menschen. Er muss seine Backenzähne gerade erst bekommen haben, denn sie zeigen noch kaum einen Abrieb, wie er beim Kauen entsteht. Als sich dann herausstellt, dass es ein Junge war, wird Mary Leakey bevorzugt von ihrem „dearest boy“ sprechen, sie, die mittlerweile Mutter dreier Söhne ist. Selbstbewusst gibt sie ihm die wissenschaftliche Bezeichnung *Zinjanthropus boisei*; *anthropos* ist das griechische Wort für Mensch, *zinj* heißt Ostafrika in der Landessprache. Der Zusatz *boisei* ist Charles Boise geschuldet, einem der generösen Geldgeber, der die Grabung der Leakeys unterstützt. Später wird Marys *Anthropus* zum *Paranthropus* heruntergestuft, zu einem Vormenschen, die in der Fachsprache despektierlich auch Südaffen heißen: *Australopithecus*.

Alt, sehr alt ist Mary Leakeys „dearest boy", denn die Fundschicht weist aus, dass er vor 2,4 bis 1,3 Millionen Jahren gelebt haben muss; ein sehr kurzes Leben, wie seine kaum benutzten Backenzähne zeigen. Chemische Analysen des Zahnschmelzes haben erst kürzlich ergeben, dass der Nussknacker-Mensch ein Vegetarier war. Seine mächtigen Beißer brauchte er dazu, das harte Savannengras zu zermalmen. Nüsse standen nicht auf seinem Speiseplan.

Mary Leakey findet, Louis Leakey schlägt Kapital daraus. Er nimmt viel ein, weil er die Menschen für sich einnehmen kann. Bald geht er richtig auf Tournee, füllt mit seiner Steinzeit-Show ganze Stadien. Wie die Baseball-Arena in Los Angeles, wo 1964 ein zehnjähriger Junge Bekanntschaft mit dem Nussknacker macht, den „dearest boy" zum ersten Mal auf einem Dia sieht. Der kleine Timothy Bromage lauscht gebannt Louis Leakey, der ihm den Vormenschen ganz nahe bringt. Verliert sich dabei in Zukunftsträumen, in denen er als Forscher dereinst durch Afrika stapfen wird, um genau wie sein großes Vorbild nach den ersten Menschen zu suchen. Von dem begnadeten Geschichtenerzähler auf die Spur gesetzt, wird Bromage tatsächlich 27 Jahre später in Malawi die Überreste des ältesten Vertreters der Gattung *Homo* finden und ein wichtiges Kapitel der Menschheitsgeschichte neu schreiben. Menschen machen Mythen, und es sind Menschen, die diese Mythen zerstören, sie durch „Wahrheiten" ersetzen. Wahrheiten, die sich vielleicht später ebenfalls als Mythen erweisen.

Mary Leakey räumt mit dem Mythos auf, den schon allein das Wort „Südaffe" zu zementieren versucht. Mit ihrem Handbesen wird sie herauskehren, dass der *Australopithecus* mehr Mensch als Affe war. Auf der Suche nach den ältesten Menschen stößt sie 50 Kilometer südlich der Olduvai-Schlucht auf deren Fährten, eröffnet sich ihr 1976 in Laetoli ein Zeitkorridor, der geradewegs in die fernste Vergangenheit vor über drei Millionen Jahren führt.

In jenen Vorzeiten bricht im Osten Afrikas der Vulkan Sadiman aus, spuckt Asche über Asche, die in einem Umkreis von 50 Kilometern das Savannenland bald bis zu einer Höhe von 30 Zentimetern bedeckt. Dann regnet es, gießt in Strömen, und das Wasser macht aus der Asche eine Art Beton, der in der Sonne aushärtet. Durch den noch weichen Belag stieben Vögel, rasen Hasen, jagen Gazellen, flüchten Büffel – und gehen gemächlich drei weitere Geschöpfe. Ein jedes auf zwei Beinen. Abermals fällt Ascheregen, deckt die Spuren zu und konserviert sie, bis Mary Leakey und ihre Mitarbeiter ein Teilstückchen des prähistorischen Wildwechsels freifegen. Die Spuren der Tiere überraschen, weil die Krallen, Pfoten und Hufe damals so viel größer waren als die ihrer Artgenossen heutzutage. Doch nicht das ist es, was die Wissenschaftler in Aufregung versetzt, es sind die Abdrücke der Zweibeiner, die elektrisieren, die jetzt die Forscher auf Trab bringen. Die Schicht, in der die Fußspuren so deutlich zu sehen sind, war vor fast vier Millionen Jahren die Erdoberfläche. Dagegen ist der Nussknacker-Mensch mit seinen höchstens 2,4 Millionen Jahren geradezu jung, fast schon von unserer Welt.

Mary Leakey legt sich nieder – aus wissenschaftlichen Gründen, um die Fußspuren der zweibeinigen Wesen in Augenschein zu nehmen. Alle drei gingen barfuß; der mit den größten Füßen hat etwas verwischte Abdrücke hinterlassen – so als wäre er geschlurft, wird Mary Leakey im Grabungstagebuch vermerken. Die Fußspuren daneben sind klar definiert: Da muss eine(r) ziemlich energisch aufgetreten sein. Hinter den beiden ein Paar kleinerer Füße, die deutlich trippeln, um mit den Großen Schritt zu halten. Mary Leakey verkneift es sich, von Vater, Mutter und Kind zu schreiben, obwohl sich der Eindruck förmlich aufdrängt. Sie hebt hervor, was für die Paläoanthropologin wichtiger ist als ein mögliches Familienidyll zu Vorzeiten: Der große Zeh der drei ist bereits so geformt wie der von uns Menschen. Keine Spur in den Fußspuren von einem Greifzeh, der Affen kennzeichnet. Die drei Geher auf der prähistorischen Aschenbahn haben gerade, oben abgerundete große Zehen. Noch etwas fehlt, um das Trio den Affen zuzurechnen. Wären es die Ahnen von Schimpansen oder Gorillas gewesen, hätten sie neben den Fußabdrücken auch die

Abdrücke ihrer Handballen in der Asche hinterlassen, da sie ja auf allen vieren liefen. Die Wanderer von Laetoli aber gingen aufrecht, hatten also die Hände frei für etwas anderes.

Ob es tatsächlich eine Familie war, die Hand in Hand in einen von Aschewolken verhangenen Sonnenuntergang schlenderte, werden die Wissenschaftler wohl nie erfahren. Wann aber die drei so gemütlich unterwegs waren, lässt sich wegen des speziellen Untergrunds jetzt genau ermitteln. Die vulkanische Asche von Laetoli ist Gold für die Datierung, weil in ihr eine geochemische Uhr tickt. Die Körnchen, aus denen sie besteht, sind Kristalle erkalteter Lava, die in sich den Zeitpunkt des Vulkanausbruchs genau festgehalten haben. Um zu erfahren, wann der Sadiman die Asche spuckte, durch die dann die drei liefen, müssen die kristallinen Steinchen wieder in Lava zurückverwandelt werden. Das geschieht nun per Laserstrahl und Neutronenbeschuss in einem Kernreaktor. Frei wird dadurch das Element Kalium, das in einem radioaktiven Prozess zum Edelgas Argon zerfällt. Da die Halbwertszeit 1,3 Milliarden Jahre beträgt, ist diese Methode ein Schlüssel, die fernste Vergangenheit zu chronologisieren. Am Verhältnis Kaliumanteil zu Argonanteil ist abzulesen, dass die Wanderer von Laetoli vor 3,76 Millionen Jahren ihre Füße in die noch weiche Asche setzten.

Vorzeitgenossin der „Geistergeher" ist Lucy, die den Forschern mehr als nur Immaterielles bieten kann. Die kleinen Gebeine der berühmten First Lady der Menschheitsgeschichte wurden 1974 in Äthiopien von Donald Johanson entdeckt; von den insgesamt 207 Knochen eines menschlichen Skeletts konnten 47 geborgen werden, darunter der Schädel, Teile des Beckens, Rippen und Wirbelsäule, Armknochen, Oberschenkelknochen und Schienbein. Ein Weisheitszahn zeigt, dass Lucy etwa 20 Jahre alt war, als sie vor über 3,18 Millionen Jahren starb. Sie, die wie die drei von Laetoli dem Vormenschen *Australopithecus afarensis* zugerechnet wird, hatte eine Größe von 105 Zentimetern und wog etwa 27 Kilo. Ihr Knie ist es, das für die Paläoanthropologen die größte Anziehungskraft besitzt, da es einen wichtigen evolutionären Schritt dokumentiert: Im Gegensatz zum Affen lässt sich Lucys Bein so strecken, dass der Winkel von Oberschenkelknochen zu

Unterschenkelknochen rund 180 Grad beträgt – ein recht eindeutiges Indiz für den aufrechten Gang. Um den Kopf hoch zu tragen, hatte Lucy teuer zu zahlen. Durch den aufrechten Gang wurde ihr Becken und somit der Geburtskanal verschoben; die Frauen gebaren von nun an unter Schmerzen ihre Kinder.

Fängt mit den (Vor-)Läufern von Laetoli und Lucy die Steinzeit an? Im Osten Afrikas, wo in der Olduvai-Schlucht die bis dato ältesten Steinwerkzeuge und in Lucys Heimat Äthiopien die Abdrücke noch weit älterer Schaber gefunden wurden? 3,4 Millionen Jahre alt ist der Tierknochen, auf dem tiefe Kerben zu sehen sind. Deutliche Spuren von steinernen Messern, mit denen das Fleisch einst von den Knochen gekratzt wurde. Unter dem Elektronenmikroskop lässt sich tatsächlich Steinstaub erkennen – der Abrieb von den Schabern.

Markieren allein Abdrücke den Beginn der Steinzeit? Gerade als die Wissenschaftler die Stunde null festlegen wollen und Lucy den Rang einer Gründermutter in der Entwicklungsgeschichte der Menschen zusprechen, wirbelt der Wind im Zentrum Afrikas wieder alles durcheinander. Im Norden des Tschad, wo weit und breit Wüste herrscht und die typische Sahelböe das Dorngestrüpp zu Kugeln formt, treibt der Sandsturm einer französischen Forschergruppe im Juli 2001 auch etwas Rundes vor die Füße. Etwas Rundes, das fest ist. Sehr fest. Vom Sand und vom Sinter befreit, stellt es sich als Schädel heraus, der es in sich hat. Oder es außen hat. Der Hinterkopf ist gewölbt wie der eines Affen, auch die Augenwülste könnten von einem Gorilla stammen, doch die untere Partie des Gesichtes verfügt über eine feine Knochenstruktur – eine gänzlich menschliche, wie die Entdecker bejubeln. Zum Menschenmund passen die feinen Eckzähne, die nicht im Entferntesten den spitzen Reißzähnen von Affen gleichen. Die Sensation ist weniger der Evolutionsmix, sondern das Alter des Sahelmenschen – *Sahelanthropus* haben ihn die Wissenschaftler genannt. In seinem Umfeld wurden jene Leitfossilien gefunden, die ihn nun zum Ältesten aller Vormenschen machen: Sechs bis sieben Millionen Jahre soll dieser Mehr-Mensch-als-Affe alt sein, zwei bis drei Millionen Jahre älter als die Wanderer von Laetoli.

Feststellungen, die heftig angefochten werden. Nie und nimmer sei der *Sahelanthropus* ein Mensch, eher ein Urahn der Affen, wenden die einen Kritiker ein. Die anderen zweifeln sein hohes Alter an, da er in keiner Schicht gefunden wurde, sondern ohne gesicherten Gesteinsmantel in der Wüste dahinrollte. Die Kontroverse ist heftig, die Diskussionen dauern an, einer der jetzt führenden Urmenschensucher, der Deutsche Friedemann Schrenk, kommentiert die harschen Gefechte frohgemut: „Die Paläoanthropologie steht ganz am Anfang. Es wird noch viele Überraschungen geben."

Weil der Beginn der Steinzeit nie feststand, haben die Forscher ihr Heil im Unterteilen gesucht. Ganz im Sinne von Jürgensen Thomsen wurde erst einmal innerhalb der Steinzeit für Ordnung gesorgt. Heutzutage unterscheiden wir zwischen Altsteinzeit, dem Paläolithikum, Mittelsteinzeit, dem Mesolithikum, und Jungsteinzeit, dem Neolithikum. Um nun die Millionen von Jahren überschaubar zu halten, wurde die Altsteinzeit weiter in eine Ältere Altsteinzeit (Altpaläolithikum), Mittlere Altsteinzeit (Mittelpaläolithikum) und Jüngere Altsteinzeit (Jungpaläolithikum) aufgegliedert. Die einzelnen Abschnitte haben weitere Periodisierungen erfahren, die zumeist nach den jeweiligen Fundorten benannt wurden, wie beispielsweise das Oldowan, das die erste Phase des Altpaläolithikums bezeichnet (zu weiteren Perioden siehe die prähistorische Chronologie im Anhang). Die Jungsteinzeit, die weit kürzer ist, hat ähnlich viele Unterteilungen, um der rasanten Entwicklung ab 10 000 v. Chr. Rechnung zu tragen.

Wo kein Anfang, da auch kein Ende. Wird ein Wissenschaftler gefragt, wann denn die Steinzeit ihren Abschluss fand, hört man so relativierende Aussagen wie: „Im Nahen Osten früher als in Europa." Manche erklären die Steinzeit für unendlich, verweisen darauf, dass diverse Völker immer noch in der Steinzeit leben, wie beispielsweise die San in Südafrika und die Indianer am Amazonas. „Was heißt hier Ende?", wirft ein Paläoanthropologe ein. „Sehe ich mir meine Mitmenschen an, befinden wir uns noch mitten in der Steinzeit!", und fügt hinzu: „Es ist an der Zeit, den Neandertalern Abbitte zu leisten, die viel manierlicher waren als die Steinzeitmänner heutzutage."

Wenn das Leitfossil der Computer ist, ist Steinzeit immer dann, wenn die Smartphones nicht mehr zu Diensten sind. In der Online-Ausgabe des SPIEGEL war am 1. November 2012 zu lesen: „Hurrikan ‚Sandy' hat Manhattan in die Steinzeit zurückversetzt: Es gibt keinen Strom, kein Wasser, Handys funktionieren nicht."

Ewige Steinzeiten.

IRRTUM 2:

DINOSAURIER UND MENSCHEN LEBTEN ZUR SELBEN ZEIT

Er sieht aus wie ein Filmstar, sein Forscherleben bietet Stoff für zig Abenteuerstreifen, und sein Name klingt, als sei's ein Künstlername made in Hollywood: Paul Sereno, den das amerikanische People Magazine zu den 50 attraktivsten Männern der Welt zählt. Berühmt geworden ist er durch eine besondere Tierliebe, die er mit Millionen von Kindern teilt: Paul Sereno ist verrückt nach Dinos. Und das ganz im Ernst, denn im Dienst der Wissenschaft jagt Paul Sereno diese urtümlichen Tiere, die uns seltsamerweise genauso das Herz erweichen wie die kuscheligen Pandabären.

Was macht den Reiz der Dinosaurier aus? Warum haben sich ganze Forschergenerationen so ganz und gar der Suche nach diesen Riesenbiestern verschrieben? Gerade die amerikanischen Paläontologen konzentrieren sich auf die Saurier, als wären sie die einzigen Lebewesen der Vorzeit. Diese Wissenschaftler gerieren sich, als befänden sie sich in einem Wettkampf, wer denn den ältesten, den größten, den kleinsten Saurier „erlegt". In fast all diesen Disziplinen ist Paul Sereno der Gewinner, hat tatsächlich das Zeug zu einem Star. Wenn er so weiterfindet, wird er zum All-American-Hero werden wie sein Vorgänger Roy Chapman Andrews, der vor 100 Jahren ebenfalls nicht nur die Fachwelt begeisterte, als er in der Mongolei ein wirklich dickes Ei fand – das erste fossile Ei eines Sauriers und darin ein Dino-Baby! Mit der Filmfigur des Indiana Jones wurde der erste Dinojäger verewigt, er, der einmal seinen Lebenszweck so beschrieb: „Ich bin dazu geboren, Entdecker zu sein. Irgendwas in mir hat mich dazu bestimmt, das und nichts anderes zu werden."

„Fossilien-Fieber" nennt Paul Sereno die Befindlichkeit vieler Paläontologen, dies bestimmte Traumwandeln, wenn das uralte Stammhirn den Frontallappen unterjubelt, wo's langzugehen hat. Wenn sich die Intuition mit der Antriebskraft kurzschließt, kommt heraus, was sich mit Findeglück nur ungenügend beschreiben lässt. Ein Lottogewinn sei viel wahrscheinlicher, als auf Dinoknochen zu stoßen, merkt Paul Sereno lapidar an. Die Welt ist nicht gerade übersät mit Dinosaurier-Fossilien, aber wo immer Paul Sereno sucht, findet er auch. Auf seiner ersten Expedition, da ist er gerade 31 Jahre alt, entdeckt er 1989 in den Anden die Überreste eines Sauriers, der vor 225 Millionen Jahren auf zwei kurzen, starken Beinen über eine Erde stampfte, die damals noch ein einziger Kontinent war. Der *Herrerasaurus* war Urahn von *Brontosaurus* und *Tyrannosaurus rex* – die Hauptdarsteller im Jurassic Park. Gleich bei seiner zweiten Ausgrabung findet Paul Sereno 1991 in Argentinien das zu der Zeit älteste Exemplar eines Sauriers, den *Eoraptor,* nur einen Meter lang, dafür aber stolze 228 Millionen Jahre alt. Ab 1993 verlegt Sereno seine Suche nach Afrika und findet da, wo bis dahin kaum Dino-Gebeine gefunden wurden, zwei noch unbekannte Arten der Saurier.

Als im Mittelalter die ersten Riesenknochen entdeckt wurden, rief das eher ein Aha denn große Überraschungsstürme hervor. Mit der gigantischen Wirbelsäule eines *Brontosauriers* hatte man endlich den Beweis vor Augen, dass der Drache nicht nur in den Köpfen der Menschen lebte. Man wusste ja von dem Ungeheuer, das in den Sagen und Legenden aller Völker rund um den Erdball und auch in der Dichtung eine große Rolle spielt, wie das Gedicht *Der Kampf mit dem Drachen* von Friedrich Schiller zeigt: „Auf kurzen Füßen wird dir Last / Des langen Leibes aufgetürmet / Ein schuppigt Panzerhemd umfasst /

Den Rücken, den es furchtbar schirmet. / Lang strecket sich der Hals hervor, / und grässlich wie ein Hollentor, / eröffnet sich des Rachens Weite."

Schon die Altsteinzeitler hatten sich ein Bild von ihm gemacht, von diesem Untier, das da in sämtlichen Sprachen universell Drache heißt. (Auf Chinesisch ist sein Name Long, aber das sagt ja auch viel aus.) In der Höhle von Les Combarelles in Frankreich sind per Ritzzeichnungen langhalsige Tiere festgehalten, die ein unbefangener Betrachter als *Brontosaurier* ansehen würde. Auch aus den Reliefs des Alten Ägyptens springt einen förmlich der Dino an: ein wuchtiger Körper mit Giraffenhals, auf dem ein winziger Kopf sitzt. Als Schlangenhalspanther fachterminieren ihn die Archäologen – als dürfe Phantasie in ihrem Beruf partout nicht sein, als sei ein phantasiebegabter Archäologe ein Widerspruch in sich. Bei den Ägyptern hatte er einen eigenen, einen stolzen Namen. Auf Hieroglyphisch heißt er „Der, der die Sonne bewegen kann", was ja für seine Macht und Stärke spricht. Der Dino/Drache stand bei allen alten Kulturen, ob am Nil, im Zweistromland, bei den Persern, in China, bei den Griechen, in Indien oder bei den Mayas in Mittelamerika, für überirdische Kräfte; er verkörperte Herrschaft, war die Insignie der Herrschenden, wie schon die Rollsiegel der sumerischen Könige zeigen.

Drachen sind gegenwärtig. Die San, die Steinzeitmenschen der Neuzeit, haben in südafrikanischen Höhlen Saurier vom Typ der Iguanodonten sehr detailgetreu festgehalten. Wie kann das sein? Die Dinosaurier bevölkerten die Erde vor 235 bis 65 Millionen Jahren – 170 Millionen Jahre lang waren die riesigen Ur-Reptilien die alles beherrschende Spezies auf unserem Planeten. Irgendwann vor diesen unendlichen Zeiten – so malen wir es uns aus – müssen erste Menschen die letzten Dinosaurier gesehen haben. Dieses Schreckerlebnis hat sich tief ins Hirn eingeprägt, hat so für eine Codierung des Stammhirns gesorgt, auf dass die Menschheit für immer den Dino/Drachen im kollektiven Gedächtnis bewahrt. Vielleicht werden ja Dinojäger wie Paul Sereno deshalb heutzutage zu Helden, weil sie als neuzeitliche Drachenbezwinger angesehen werden. Wie (zeitlich) nah ist der Mensch dem Dinosaurier wirklich gekommen?

Eines heißen, trockenen Tages im Jahr 1983 machen sich zwei junge Forscher zu den Dinosaur Beds in Malawi auf. Hier, in dieser Ecke des Afrikanischen Grabens, wollen sie Fossilien finden – nicht Fossilien von Sauriern, sondern die der ersten Menschen. Der eine der beiden ist der Amerikaner Timothy Bromage, der als Kind dem Nussknacker-Menschen zuliebe seinen damaligen Berufswunsch aufgab, Lokomotivführer zu werden. Der andere ist der Stuttgarter Friedemann Schrenk, der seine Leidenschaft für die Urzeit beim Streifen über die Schwäbische Alb entdeckte, nicht etwa, weil die Gegend so rückwärtsgewandt ist, sondern weil sie ihm die schönsten Ammoniten präsentierte. Kennengelernt haben sich die beiden als Gaststudenten in Südafrika, das nach vielen Vormenschen-Funden zum Mekka für alle angehenden Paläoanthropologen geworden war. Raymond Dart, der in den zwanziger Jahren mit dem Schädel des Taung-Kindes den ersten Vormenschen in Afrika entdeckt hatte, stieß zur gleichen Zeit in der Höhle von Makapansgat auf weitere Gebeine der von ihm so benannten Spezies *Australopithecus* – Südaffe. In den fünfziger und sechziger Jahren wurden in dieser Höhle rund 20 Hominidenfragmente gefunden – die fossilierten Gebeine von Vormenschen. Weil die Knochen schwarz verfärbt und so seltsam gebrochen waren, vertrat Dart die Theorie, dass die Vormenschen hier das Feuermachen entdeckt und – erstmals den Kannibalismus praktiziert hätten. Die Bruchstellen der Langknochen seien ein Zeichen dafür, dass die Vormenschen Menschenfresser waren: Sie rösteten die Knochen und knackten sie dann, um an das leckere Mark zu gelangen.

Friedemann Schrenk, sozialisiert in der Kapitale der Kehrwoche, räumt mit diesem (Vor-)Urteil auf. Mit der Selbstsicherheit, wie sie nur die Jungen haben und speziell die jungen Paläoanthropologen, schwingt er sich zum Ehrenretter der Südaffen auf: Nicht sie haben ihresgleichen in der Höhle von Makapansgat verzehrt – vielmehr waren diese ersten Menschen ein Festschmaus für die Hyänen. Das Taung-Kind wurde wohl von Raubvögeln getötet, wie die Kratzspuren von Krallen in den winzigen Augenhöhlen vermuten lassen. Timothy Bromage weist dazu noch anhand der Knochenstruktur des Taung-

Schädels nach, dass das Kind drei Jahre alt war, als es starb, und nicht sechs, wie Raymond Dart postuliert hatte.

Mit Paukenschlägen haben sich Schrenk und Bromage in die Gemeinde der Altertumswissenschaftler eingeführt, jetzt wollen sie auch gleich eine eigene Grabung. Eine schwierige Sache, wo es doch mehr Paläoanthropologen als erste Menschen gibt – wie Friedemann Schrenk konstatiert. Und die meisten Forscher sich dort scharen, wo die Aussicht auf Funde am größten ist: im langen Afrikanischen Graben, der sich von Äthiopien bis nach Südafrika erstreckt. Der natürliche Bruch birgt Unmengen uralten Sediments, in das die Fossilien eingebettet sind. Versteinerte Gebeine finden sich nie in so festem Gestein wie Granit oder Basalt. Sediment ist loses Gestein, Geröll, das sich um ein Skelett herum ansammelt und im Laufe von Jahrmillionen fest mit ihm verbäckt. Damit dieses gehaltvolle Tiefengestein wieder an die Erdoberfläche kommt, bedarf es tektonischer Verwerfungen, wie sie im Afrikanischen Graben an der Tagesordnung sind, wo die Kontinentalplatten das Unterste nach oben schieben.

Im Afrikanischen Graben tummeln sich sodann auch unzählige Ausgräber. In Äthiopien sucht Lucys Entdecker nach weiteren Mitgliedern ihrer Sippe; die Olduvai in Tansania ist Erb-Schlucht der Leakeys, die auch in Kenia ihre Claims abgesteckt haben. Richard, der Sohn von Mary und Louis Leakey, führt die Forschungsarbeit quasi als Familienunternehmen weiter. Und im Süden Afrikas kommen auf jede Höhle Dutzende von Paläoanthropologen.

Malawi ist – paläoanthropologisch gesehen – der einzige weiße Fleck im Afrikanischen Graben, und da, im Outback des Schwarzen Kontinents, rufen Bromage und Schrenk 1983 ihr „Hominid Corridor Research Project" ins Leben. Als „Schweine-Korridor" wird ihr Forschungsgelände von Kollegen bald verspottet, da sie lange nur Schweine finden. Weit und breit keine Spur von einem Hominiden – einem der Vor- oder gar Frühmenschen.

Schweine sind nützlich, denn das fossilierte Borstenvieh, das heißt deren Molaren, helfen bei der Datierung der Schichten, da es im Norden von Malawi kein vulkanisches Gestein gibt, dessen Alter radiometrisch bestimmt werden kann. Die Zähne der Zeit sind die dritten Backenzähne der urzeitlichen Busch- und Riesenschweine, die sich in den letzten vier Millionen Jahren sukzessiv und deutlich verändert haben. Von erst breiten, relativ niedrigen Zähnen zu immer schmaleren, die auch hochkroniger werden. Die Form des Backenzahns und eine bestimmte Art von Zahnschmelz sind die Leitfossilien der Schichten: Die älteste Einheit des „Hominid Corridor Research Project“ ist älter als vier Millionen Jahre, die nächste deckt den Zeitraum zwischen 3,76 und 2 Millionen Jahren ab und die oberste ist jünger als 1,6 Millionen Jahre.

Ein Schweinezahn hilft, den Menschenzahn zu datieren. Er habe es schon am Abend zuvor gewusst, wird Timothy Bromage nicht müde zu erzählen. Und im Morgendunkel hätte er, der vor Sonnenaufgang nie den Mund aufbekommt, laut und deutlich zu Schrenk und den anderen Mitarbeitern gesagt: „Heute finden wir unseren Menschen!“ Der passionierte Morgenmuffel war an diesem 11. August 1991 das Gegenteil von muffelig; richtig aufgekratzt sei er gewesen, bestätigt auch Friedemann Schrenk. Und tatsächlich: Einer von Bromages Arbeitern findet die Hälfte eines Unterkiefers, Bromage die andere. Dass dann ein Viertel des Backenzahns fehlt, ausgerechnet das Stückchen, mit dessen Höcker sich genau bestimmen lässt, wie „fortgeschritten“ dieser Mensch war, ob er noch den Südaffen oder schon der Gattung *Homo* zuzurechnen ist, dass dieses Stückchen Backenzahn ein Jahr später in einer abenteuerlichen Aktion gefunden wurde, dass ein Forscherleben oft ein Krimi ist – davon mehr in Kapitel 7. So viel vorweg: Der Hominide aus dem „Hominid Corridor“ ist ein Vertreter des *Homo rudolfensis*, der vor 2,4 Millionen Jahren in dieser Ecke Afrikas lebte. Bromages „Nussknacker“ ist eine halbe Million Jahre älter als das Exemplar, das Richard Leakey 1972 am Turkana-See in Kenia fand. Weil dieser See einst zu Ehren des österreichischen Thronfolgers Rudolfsee hieß, bekam der erste Vertreter der Gattung *Homo* diesen wunderbaren Beinamen: *Homo rudolfensis*.

Der erste *Homo* lebte also vor 2,4 Millionen Jahren; und auch wenn man den *Sahelanthropus* mit seinem Alter von sieben Millionen Jahren zu den Menschen rechnet, klafft die riesige Zeitdistanz von gut 60 Millionen Jahren zwischen dem letzten Saurier und dem ersten Menschen – nicht gerade ein Wimperschlag in der Erdgeschichte, keine Lücke, die irgendwie zu überbrücken wäre. Und wieder einmal ist es ein junger Paläontologe, der wider den Mainstream denkt, die Beziehung von Saurier zu Mensch aus einem anderen Blickwinkel betrachtet. Auch Richard Butler, der mit 31 Jahren schon an einer stolzen Reihe von Ausgrabungen und Projekten teilgenommen hat, liebt die Dinos, bewundert sie geradezu: „Die Dinosaurier waren unglaublich erfolgreich. Wie die sich auf der Erde durchgesetzt haben, ist wirklich erstaunenswert. In den Skeletten, die wir gefunden haben, sind kaum Anzeichen von Degeneration zu erkennen. Hätte es die Umweltkatastrophe nicht gegeben, würden sie heute noch leben."

Vor 65 Millionen Jahren traf ein gigantischer Meteorit die Erde – der Einschlag war verantwortlich für das größte Artensterben aller Zeiten. Gab es neben den Riesenreptilien überhaupt schon Säugetiere? „Es gab sie, aber nur ganz kleine Arten wie Mäuse, die sich wegen der Dinosaurier nur nachts aus den Verstecken wagten", erklärt der Paläontologe der Münchner Ludwig-Maximillians-Universität. „Die Dinos waren so übermächtig, die Säugetiere wären immer mickrige Nachtwesen geblieben, Affen hätten sich erst gar nicht entwickelt." Richard Butler bringt es auf den Punkt: „Entweder Saurier oder Mensch. Hätten die Saurier überlebt, gäbe es uns Menschen nicht."

IRRTUM 3:

DER HÖHLENMENSCH LEBTE IN HÖHLEN

Laëtitia Demay steht vor einem Rätsel. Steht vor einem riesigen Berg von Knochen, Riesenknochen allesamt. Geht wieder und wieder diesen Kreis aus Knochen ab, kommt aber nicht weiter. Auch ihre Gedanken drehen sich im Kreis. 116 Knochen zählt die Archäologin vom Pariser Muséum National d'Histoire Naturelle; all die Oberschenkelbeine und Stoßzähne begrenzen ein Rund, das einen Durchmesser von fast acht Metern hat. Als Fachfrau von Rang weiß sie die gigantischen Gebeine sehr wohl einzuordnen: Derart große Knochen können nur von Mammuts stammen, den Urahnen der Elefanten. Jene Dickhäuter, die zu Eiszeiten durch Europa streiften, waren die Jumbo-Version der heutigen. Zu den Knochen auf der Kreislinie sind im Kreis die Überreste von wenigstens 15 Mammuts aufgehäuft, dazu noch Skelett-Teile von Wisenten, Rotwild und anderen Tieren.

Die Ausgräberin lässt ihren Blick vom Knochenberg über die Hügel rund um Molodowa schweifen, sieht auf die Windungen des Flusses Dnister, dessen Sinuskurven sich in der Landschaft vertikal fortsetzen, starrt in diese Weite im Westen der Ukraine, als fände sie im unendlichen Grasland die Antwort auf ihre Frage: Was um alles in der Welt ist hier geschehen? Sie fröstelt, auch weil in dieser Gegend selbst im Sommer der Südwind kalt ist, da ihn die Karpaten gemein herunterkühlen. Eigentlich können alte Knochen eine Archäologin nicht erschüttern. Im Gegenteil. Gebeine aus der Steinzeit sind so selten zu finden, da freuen sich die Wissenschaftler normalerweise über jedes kleinste Knöchelchen. Es ist die schiere Menge an Knochen, die Laëtitia Demay erschaudern lässt.

Was ist hier vorgefallen? Was stellt dieser merkwürdige Kreis aus Knochen dar?, fragt sie sich, fragt ihre Mitarbeiter, fragt bei den Kollegen an, ob die sich einen Reim auf das beinerne Rund machen können. Ist es ein Elefantenfriedhof? Ein magischer Ort, wo sich die mächtigen Tiere einfanden, wenn sie fühlten, dass ihr Ende nahte? Oder wurden die Mammuts erlegt?

Simple Feuerstellen in dem Rund sind ein Beweis, dass sich hier frühe Menschen zu schaffen machten. Dass sich die Steinzeitler hier nicht nur wärmten, erschließt sich der Archäologin, als sie die Knochen innerhalb des Kreises unter die Lupe nimmt. Diese Skelett-Teile weisen Spuren von Schabern auf, die entstehen, wenn man das Fleisch von den Knochen kratzt. Fleisch von 15 Mammuts, von Wisenten und dem anderen großen Getier – da drängt sich doch das Bild vom großen Schlachten, von einem Schlachtfest förmlich auf.

War hier ein Mammut-Schlachthof? Ein Schlachthaus? Ein Haus? Dieser Gedanke elektrisiert die Archäologin. Behausungen aus der Steinzeit sind eine große Seltenheit, viel seltener noch als Knochen. Laëtitia Demay nimmt sich nun die großen auf der Kreislinie vor und findet in ihnen deutliche Einkerbungen, viel zu tief, um von Schabern zu stammen. Diese Oberschenkelbeine und Stoßzähne wurden mit Steinbeilen bearbeitet, tatsächlich so beschlagen, dass sie sich ineinander verkeilen lassen. Lieferten die Skelette der Mammuts das Gerippe für ein Haus? Eine Art Fachwerkhaus mit Balken aus Gebeinen? Zeitlich könnte dieses Baukunstwerk in die von den Wissenschaftlern aufgestellte Chronologie von der Steinzeit passen. Gerade noch. Galt lange das Mammut als um 10000 v. Chr. ausgestorben, belegen neueste Funde, dass es in Europa noch bis 8000 v. Chr. anzutreffen war.

Da trifft es sich gut, dass der Mensch exakt um diese Zeit auf das Haus kam. So will es jedenfalls die Wissenschaft wissen, und viele Prähistoriker sind weiterhin der Lehrmeinung, dass erst mit der Sesshaftigkeit, mit dem Anbau von Feldfrüchten auf dem eigenen Acker auch der Wunsch nach eigenen vier Wänden erwuchs. Besser nach dem eigenen Dach, denn die ersten festen Behausungen waren kaum mehr als ein Satteldach, sahen aus wie die Zelte, in denen einst die Nomaden daheim waren. Oder es handelte sich um Rundbauten, quasi Stein gewordene Jurten. Die Prototypen von Firsthütte und Trulli standen im Nahen Osten, denn die Jäger und Sammler Palästinas gaben als Erste das Wanderdasein auf, liefen nicht weiterhin den Tieren hinterher, sondern hielten sie ab dem 9. Jahrtausend v. Chr. vor der Haustür.

Ist Laëtitia Demay auf eines der ersten Bauernhäuser Europas gestoßen? Ein ähnlicher Rundbau, wie die im Nahen Osten gefundenen? Hatten die Baumeister hier, da im Grasland der Ukraine Holz immer rar war, zu Mammutknochen gegriffen, um dem Haus ein festes Gerüst zu geben? Weil sie Gewissheit haben will, lässt die Ausgräberin die Knochenpfosten datieren. Da sie den Mammutbau für das Werk von Jungsteinzeitlern hält, sein Alter also auf maximal rund 10 000 Jahre schätzt, wählt sie für die Altersbestimmung die ^{14}C-Methode, auf die Prähistoriker ansonsten kaum zurückgreifen, da diese radiometrische Untersuchung nur die relativ nahe Vergangenheit von 50 000 Jahren abdeckt. Mit diesem für die Archäologie so wichtigen Verfahren, auch Radiokarbonmethode genannt, kann das Alter von organischem Material bestimmt werden. Alle Lebewesen absorbieren radioaktiven Kohlenstoff, jenes ^{14}C aus dem Kohlendioxyd der Luft. Stirbt ein Mensch, ein Tier, stirbt eine Pflanze ab, stoppt die Zufuhr, und das ^{14}C-Atom beginnt zu zerfallen. Da die Zerfallsgeschwindigkeit bekannt ist, können Wissenschaftler mit dem noch vorhandenen ^{14}C in einer Probe den Todeszeitpunkt des entsprechenden Lebewesens errechnen.

Die Mammutknochen sind nicht 10 000 Jahre alt. Sie sind älter. Viel älter. Die Mammuts von Molodowa kamen vor 44 000 Jahren zu Tode. Als gesichert gilt auch, dass ihre Knochen nicht gelagert wurden, um 34 000 Jahre später verbaut zu werden.

Doch vor 44 000 Jahren gab's noch keine Bauern, keiner kam zu dieser Frühzeit auf den Gedanken, Wildziege und Wildschwein zu domestizieren. Vor 44 000 Jahren war Sesshaftigkeit schlicht undenkbar. Wie auch, wenn jene Vertreter der Gattung Mensch, die vorgeblich das Denken erfunden haben, die Menschwerdung in Europa noch gar nicht angestoßen hatten. Der *Homo sapiens*, der „weise Mensch", erscheint frühestens vor 39 000 Jahren auf unserem Kontinent, um von da als Cro-Magnon-Mensch – benannt nach einem Abri (Felsdach) in der Dordogne, unter dem die ersten Schädel des anatomisch modernen Menschen gefunden wurden – Kunst und Kultur auf den Weg zu bringen. Der Anthropologe Brian Fagan spricht von ihnen gar als den „ersten Menschen", als hätte es vor dem *Homo sapiens* keine Menschen gegeben.

Vor 44 000 Jahren lebten in Europa jene, die von einer Großzahl der Paläoanthropologen noch nicht richtig zu den Menschen gerechnet werden: die Neandertaler, die wir mit anderen Frühmenschen in einen Topf werfen und alle dann Höhlenmenschen nennen. Lang vor den Vertretern des *Homo sapiens*, den Wegbereitern der Ratio, sollen die geistig noch sehr beschränkten Höhlenmenschen ein rundum so perfektes Gebäude wie die Mammutvilla erdacht und errichtet haben? Und dann schmückten sie auch noch den Innenraum des Rundbaus kunstfertig aus – was ja erst Sache der Cro-Magnon-Menschen werden soll –, versahen viele Knochen mit Schnitzereien und färbten sie mit Ocker ein. Diese Kunst im Bau setzte ein ordentliches Knowhow voraus, da Mammutknochen wegen ihrer Sprödigkeit schwer zu bearbeiten waren. Sicher alles ein Zufall, wenden die Verfechter der These vom *Homo sapiens* als dem Schöpfer aller Kunst und Kultur ein; reine Zufallskonstruktion, um den Mörderwintern in der Eiszeit zu trotzen. Als der Norden Europas unter ewigem Eis begraben lag, sich die Gletscher bis weit in den Süden erstreckten, wo selbst die Sommer kalt waren und in den noch kälteren Monaten der Schnee viel zu tief war, um zu wandern, mussten sich die Neandertaler notgedrungen ein Winterquartier suchen. Oder schaffen.

Not macht erfinderisch. Not allein und nicht Geist – beeilen sich denn die *Homo sapiens*-Adoranten den Bau von Molodowa zu erklären. Doch welche Erklärung haben sie dafür, dass noch weit ältere Steinzeitler als die Neandertaler ohne Not auch im Sommer Hütten bauten?

Spätherbst 1965 an der Côte d'Azur. Henry de Lumley ist vor kurzem 31 geworden; in Marseille geboren, ist er hier im Süden Frankreichs daheim, lebt aber als angehender Paläoanthropologe in einer ganz anderen Welt. Besser als seine Nachbarn kennt er jene uralten Erdenkinder, die viele seiner Lehrmeister noch nicht als Menschen anerkennen. Und weil er sich auch gut mit deren Werkzeug auskennt, wird er umgehend nach Nizza gerufen, als dort bei Ausschachtungsarbeiten oberhalb des Hafens Steingeräte zum Vorschein kommen. Zur gleichen Zeit, als die Franzosen ihren ersten Satelliten ins All schießen, betritt Henry de Lumley Neuland in Sachen Steinzeit. Der Fundort liegt an einer Gasse namens Terra Amata; und da Nomen meist Omen ist, wird de Lumley die Erde hier lieben, auch wenn sie ihm das Letzte abverlangt, müssen doch 15 Meter kompaktes Ufersediment abgetragen werden. Das Grundstück am Hang soll terrassiert werden, der Eigentümer hat es damit sehr eilig, räumt aber de Lumley für die Ausgrabungen fünf Monate „und keinen Tag länger!" ein. In kürzester Zeit stellt der Paläoanthropologe daraufhin ein Team zusammen; die jungen Leute arbeiten ab Ende Januar 1966 sieben Tage in der Woche, die letzten Wochen im Juni auch rund um die Uhr in Schichten, um bloß nichts unerforscht zurückzulassen. Die Maloche im Dienst der Wissenschaft lohnt sich: Insgesamt finden Henry de Lumley und seine Mitarbeiter 35 000 Artefakte, alles Steinwerkzeuge, vom einfach behauenen Strandkiesel bis zum Hightech-Schaber, wo schon beide Seiten fein zugerichtet sind.

Viel mehr als all die Faustkeile aber wiegt, was die Ausgräber nicht finden, sondern nur erahnen können. In einer Schicht, die einmal Strand war, entdecken die Forscher Rudimente von Fundamenten, stoßen auf versteinerte Pfostenlöcher, eruieren Abdrücke von Flechtwerk – dass es sich um frühe Behausungen handeln muss, untermauern dick gewandete Feuerstellen. Henry de Lumley zählt 21 Wohnstätten, fühlt sich in seine Kinderjahre zurückversetzt, als es die Menschen aus dem Hinterland immer in den heißen Sommermonaten ans Meer zog, sie dann an den Strand zogen, sich dort Hütten bauten, indem sie dicke Äste in den Sand rammten und diese mit dünnen Zweigen verflochten.[1]

Die steinzeitlichen Sommerfrischler hausten ähnlich urig, ihre Flechtzelte waren oval und ein jedes bot Raum für 20 bis 25 Personen. Ein richtiges Camp, dessen Bewohner offensichtlich das begannen, was man „leben wie Gott in Frankreich" nennt. Sie schlürften eine Unmenge Austern, wie der Berg an fossilierten Schalen beweist, hatten Miesmuscheln, Napfschnecken und Schildkröten auf dem Speiseplan, brieten sich auch das eine oder andere Wildschwein. Wie bei Lagerfeuern an Nizzas Stränden auch heutzutage zu sehen, schirmten die frühen Gourmets ihre Kochstellen in Richtung Nordwesten ab. Aus dieser Richtung blies schon zu Vorzeiten der stürmische Mistral; steinzeitlicher Windschutz waren dicht gefügte Trockenmauern.

Dass die Ur-Camper mit den dicken Extramauern im Innenraum das Kostbarste schützten, was sie besaßen, erschließt sich den Wissenschaftlern, als die Datierung vorliegt. Das Sommerlager von Terra Amata wurde vor 380 000 Jahren errichtet. Zu dieser frühen Zeit hatten sich die Menschen in Europa gerade erst das Feuer angeeignet, studierten noch, wie sie und nicht nur Blitze ein Feuer entfachen können – deshalb wurde die Glut wie ein Schatz gehütet.

Das Feuer zu nutzen lernte der Mensch wie so vieles in Afrika. Bereits vor einer Million Jahren hatten nachweislich Frühmenschen am Südkap herausgefunden, dass gebratenes Fleisch besser schmeckt und weitaus bekömmlicher ist als das rohe, halbvergammelte, das sie bis dahin verdrückten. Europas erster Bratrost wurde dann da dingfest gemacht, wo das Roastbeef immer noch Nationalgericht ist. Die bis dato älteste Herdstelle auf unserem Kontinent fanden Ausgräber in Suffolk; um das erste Barbecue scharten sich die Prä-Briten vor 420 000 Jahren, was mit diversen radiometrischen Datierungsverfahren belegt wurde. Weitere Feuerstellen aus dieser frühen Zeit wurden nur noch in der Bretagne und in Ungarn entdeckt.

Die da zu diesen Vorzeiten in Frankreich, England und Ungarn mit dem Feuer experimentierten, waren nicht die Neandertaler, die vor 300 000 Jahren ganz langsam beginnen, sich in Europa auszubreiten. Die da am Strand ihre Hütten flochten, Herde mit quasi Tresor-Wandung anlegten und Austern schlürften, waren die ersten Vertreter des *Homo erectus*,[2] des „aufrechten Menschen" – eine Bezeichnung, die nicht auf seine Gesinnung anspielt, sondern allein auf seine Haltung.

Hat ein Paläoanthropologe schon mal Glück, dann hat er es gehäuft, scheint ein Gesetz dieses Faches zu sein. Fünf Jahre nach der Entdeckung von Terra Amata findet Henry de Lumley nicht nur die Spuren früher Häuslebauer, nicht nur den Bio-Müll jener steinzeitlichen Genussmenschen, die es sich vor fast einer halben Million Jahren im Süden Frankreichs gutgehen ließen. Henry im Glück findet tatsächlich einen Vertreter dieser frühen Menschen, das heißt seine Überreste, besser noch: einen Überrest. Am Fuß der Pyrenäen kann er in der Nähe des Dorfes Tautavel den Schädel eines *Homo erectus* bergen, dessen Alter auf 450 000 Jahre beziffert wird.

Bis 1999 wirkt Henry de Lumley dann als Direktor des Pariser Muséum National d'Histoire Naturelle, jenes Instituts, das sich – dank ihm – von Haus aus mit steinzeitlichen Häusern befasst. Wieder ist es eine Mitarbeiterin des Museums, die zum Thema „Architektur in der Steinzeit" wesentliche Bausteine hinzufügen kann. In ihrem Fall sind es Mammutknochen, denn 2011 findet Laëtitia Demay bei Molodowa das höchst eigenwillige Beinhaus.

Die Hütten von Terra Amata sind nicht die ältesten der Steinzeit. Im Nordwesten von Tokio stießen Wissenschaftler bei Chichibu auf Pfostenlöcher in einer Schicht von Vulkanasche, deren Alter sich ja gut bestimmen lässt. Vor 500 000 Jahren versuchten sich da frühe Vertreter des *Homo erectus* an neuen Bauformen: Sie bauten keine runden Hütten, auch keine viereckigen – die zwei Behausungen im äußersten Osten Asiens weisen jeweils fünf Ecken auf. Das hohe Alter der Vieleck-Hütten belegen auch die Steinwerkzeuge, die im Umkreis gefunden wurden.

Die Höhlenmenschen lebten in Häusern. Paläoanthropologen wie Prähistoriker, nicht nur von Berufs wegen oft rückwärtsgewandt, sehen vor lauter Höhlen die Hütten nicht. Hütten, die an die Höhlen angebaut waren.

Höhlenmenschen lebten nicht in Höhlen. Wie auch, wenn schon ganz andere Bewohner die Höhlen besetzt hielten. Bewohner, die das Fürchten lehrten. Wenn es zu Eiszeiten an der Zeit war, die Winterquartiere aufzusuchen, schnarchte tief drinnen in den Höhlen bereits jener Hauptmieter, der den Namen von seiner Behausung hat: der Höhlenbär. Kein Teddybär zum Kuscheln; keiner wollte ihm zu nahe kommen, denn seine Körperlänge betrug bis zu dreieinhalb Metern, somit war er deutlich größer als der heutige Braunbär. Außerdem beherbergten die Höhlen andere dunkle Mächte, höhere Mächte, denen man sich nur in besonderen Situationen zu nähern wagte.

Höhlenmenschen lebten allenfalls an Höhlen. Benutzten meist die Höhlenwand als Rückwand ihrer Hütten oder nutzten die Überhänge als Dach. Diese Wohnstatt unter dem gewachsenen Stein wird Abri genannt. Wie diese Behausungen aussahen, haben die Bewohner selbst in Höhlenmalereien festgehalten, so z. B. in der Grotte von Les Combarelles. Ob Rundbau oder vier Wände – beide Hüttenformen krönt deutlich ein Dach.

Steinzeitler waren wählerisch und ließen sich nicht an jeder x-beliebigen Höhle nieder. Dass sie besonderen Wert auf eine schöne Aussicht legten, fanden jüngst britische Wissenschaftler von der Universität Sheffield heraus. Mit dem Blick der Makler von heute inspizierten sie über 400 Höhlen in England, an denen und in deren Vorräumen frühe Landsleute ihr Zelt aufgeschlagen hatten. Neben dem Panorama war eine große Terrasse begehrt, verpönt aber waren – im Gegensatz zu heute – Südlagen. Damals schaute man lieber gen Westen oder Osten.

Schöner wohnen bezog sich in der Steinzeit nicht nur auf die Aussicht. Ein guter Schlaf stand wohl auch im Wunschkatalog der Frühmenschen an vorderster Stelle, jedenfalls für jene, die es sich nett in einer Höhle an der Ostküste Südafrikas eingerichtet hatten. Bereits vor 77 000 Jahren bettete man sich da auf Matratzen, die es in sich hatten. Diese Prototypen der Futons waren mit Riedgräsern, Binsen und dem Kraut einer besonderen Pflanze gefüllt: Die Kapquitte *(Cryptocarya woodii)* hält mit ihren Duftstoffen lästige Blutsauger wie Moskitos und Wanzen auf Abstand. Zudem sorgt der Wohlgeruch für schöne Träume.

Wenn nun die Höhlenmenschen nicht in Höhlen lebten, warum wurden dann ihre Überreste zumeist in Höhlen gefunden? Eben weil sie nicht in Höhlen lebten, denn wer bettet schon seine Toten im Wohnzimmer zur letzten Ruhe? Die Höhle scheint den Höhlenmenschen heilig gewesen zu sein, die Höhlenmalereien geben davon ein Zeugnis. Die Höhle als hochheiliger Ort kam fürs profane Wohnen nicht infrage – wir ziehen ja auch nicht in unsere Kathedralen, außer wir suchen Asyl. Vielleicht war ja die Höhle einst Totengruft. Ein Beweis dafür könnte sein, dass man später durch alle Kulturen hindurch das Jenseits mit Begriffen wie Unterwelt und Schattenreich belegte.

IRRTUM 4:

„YABBA DABBA DOO!“ – FRÜHE STEINZEITLER GRUNZTEN ODER VERSTÄNDIGTEN SICH MIT HÄNDEN UND FÜSSEN

Tief gebückt läuft der Junge durch den lichten Busch. Heut ist er mal nicht Großwildjäger, heut hat er keine Augen für die Herde Giraffen, die erhaben ihres Weges zieht. Er ist auf Schatzsuche, dreht und wendet jeden Stein, klopft auch jedes Steinchen ab, das er auf dem Veld-Boden findet. Die Erde, sonst von der Sonne hart gebacken, ist an diesem 15. August 2008 weich nach einem überraschenden Regen, der sonst hier nur im Sommer fällt. Die Güsse von Oktober bis April haben das Tal ausgewaschen, noch mehr von dem hier vorherrschenden Kalkgestein zum Vorschein gebracht und diesem Dolomit, der von Natur aus funkelt, einen besonderen Glanz verliehen. Matthew Berger ist begeistert. Ein Abenteuerwochenende hat ihm sein Dad versprochen, ganz früh sind sie an diesem Freitag in Johannesburg aufgebrochen, sind die 50 Kilometer Richtung Norden noch im Dunkeln gefahren; es ist immer noch Winter in Südafrika. Ziel ist die Arbeitsstätte des Vaters, von der er als „meine Goldmine“ spricht, was seinen Sohn neugierig macht, denn die Zeiten des Goldbergbaus in der Provinz Gauteng sind längst vorbei. „Du wirst schon sehen“, hat er dem Neunjährigen gesagt – was sich bald wunderbar erfüllen soll.

Im Naturschutzgebiet von Malapa angekommen, geht Papa an die Arbeit, Matthew bleibt sich selbst überlassen. Der Kleine spielt großer Entdecker, so einer, wie sein Vater ist. Lee Berger, in den USA geboren, jetzt Professor in Johannesburg, ist Paläoanthropologe und Archäologe, einer der führenden seines Faches, denn er hat der langen Findepause in Südafrika ein Ende bereitet. 1948 waren zum letzten Mal im Staat am Kap fossile Überreste von Vormenschen gefunden worden. Lee Berger konzentriert sich ab 1991 auf die zig Karsthöhlen rund um die Grotte von Sterkfontein nördlich von Johannesburg, die sich als wahre Fundgrube in Sachen uralter Knochen erwiesen hat. Im selben Jahr stoßen er und sein Team in einer Nachbarhöhle auf Skelett-Teile von Südaffen, den *Australopithecus*, die ja die Menschwerdung einleiteten. Weil aus dieser Gegend, wo Lee Berger mehr als 500 Höhlen neu entdeckt und erforscht hat, gut ein Drittel aller Vor- und Frühmenschengebeine stammt, adelt die UNESCO diese Region 1999 zum Kulturschutzgebiet. Sein neues Reservat lobt Südafrika als die „Wiege der Menschheit“ aus, allerdings heftig widersprochen von Äthiopien und Kenia, die jeweils in ihren Ländern besagte Wiege verorten.

„Du, Dad“, ruft Matthew aufgeregt nach seinem Vater. „Ich hab einen Knochen gefunden.“

„Schon gut, mein Kleiner“, lacht der Vater. „Ich schau mir das später mal an. Spiel du schön weiter und lass mich arbeiten.“

„Nein“, insistiert der Junge. „Jetzt! Du musst jetzt kommen und es dir ansehen. Es ist ein Knochen!“

Es ist nicht nur ein Knochen.

„Ich bin fast gestorben“, wird Lee Berger später erzählen. „Da sehe ich doch ein Schlüsselbein aus dem Steinbrocken ragen, den mir mein Sohn entgegenstreckt. Ich nehme den Stein, und als ich ihn umdrehe, springt mir ein Unterkieferknochen samt Backenzahn ins Auge!“

Sein Junge hat einen Jungen gefunden, der bei seinem Tod vor zwei Millionen Jahren etwa so alt war wie Matthew jetzt. Noch am selben Tag verlagert Lee Berger seine Arbeitsstätte auf den Spielplatz seines Sohnes; er und sein Team vertiefen die Suche in dieser Kuhle, in der Matthew das spezielle Nugget gefunden hat, das sich für die Wissenschaft noch als goldwert erweisen soll. Bis März 2009 findet Lee Berger weitere Überreste des steinalten Jungen, der unter dem prosaischen Kürzel MH1 (= der erste der Malapa-Homininen) in die paläoanthropologischen Annalen aufgenommen wird. Seine wissenschaftliche Bezeichnung lautet *Australopithecus sediba*. *Sediba* ist ein Wort der Bantusprache und bedeutet Quelle, im übertragenen Sinn auch Ursprung.

MH1 ist nahezu vollständig. Mit Oberkiefer, Oberarmknochen, Wadenbein, Rippen, der Wirbelsäule und dem Becken sammelt Berger den Großteil eines Skeletts zusammen, viel mehr als man normalerweise von einem Vormenschen dieses Alters erwarten kann. Krönung ist der fast vollständig erhaltene Schädel, fest verbacken mit dem Sediment. „Da fällt selbst gestandenen Forschern die Kinnlade runter", kommentiert Carol Ward, Paläoanthropologin an der Universität von Missouri, den Fund. Solch fast komplette Knochengerüste kenne man erst aus der Zeit der Neandertaler, die mehr als anderthalb Millionen Jahre später in Erscheinung treten. Das Erstaunen der Fachwelt wird noch größer, als Lee Berger ein weiteres Skelett in Malapa findet, die Überreste einer jungen Frau, die ebenfalls vor zwei Millionen Jahren zu Tode kam. An derselben Stelle und wahrscheinlich auf die gleiche Weise wie der Junge. „Bei dem Versuch, hinunter an ein Wasserloch zu klettern, scheinen beide abgestürzt zu sein", vermutet Lee Berger. Für seine Theorie spricht, dass sich der *Sediba*-Junge den Oberarm gebrochen hatte. Ein komplizierter Bruch, wie er nur dann auftritt, fällt man aus großer Höhe auf einen harten Untergrund.

Den Kopf immer noch halb in Stein, tritt der uralte Junge am Ende des Jahres 2010 eine Welt- und Zeitreise an. Der Schädel aus der Steinzeit ist doppelt und dreifach eingewickelt, als schütze die Sedimentkruste ihn nicht schon genug, als wolle Lee Berger ihn in Watte packen. In den letzten Monaten, als er vorsichtig Steinkrümel für Steinkrümel vom Gesichtsknochen des *Sediba*-Jungen löste, hat Berger eine besondere Beziehung zu ihm entwickelt; die Romantiker in seinem Institut sagen, er sei ihm ans Herz gewachsen. Berger hat den Fund MH1 immer wieder studiert, kennt ihn nun in- und auswendig – und kennt sich gar nicht mehr aus. Sein Südaffe will einfach nicht zu den anderen Südaffen passen, scheint viel mehr vom *Homo* als von einem *Australopithecus* zu haben. So hat er Schultern und Arme eines Primaten, doch seine Hände sind wie die eines modernen Menschen. Vor allem aus dem Kopf wird Lee Berger nicht schlau, sieht doch der Gesichtsschädel des *Sediba*-Jungen ganz wie der eines *Homo* aus, doch das Gehirn dahinter hatte nur die Größe einer Orange, war also viel zu klein, um das eines *Homo* zu sein. Was oder wer ist der *Australopithecus sediba* nun? Ist er ein Südaffe? Ein früher Vertreter der Gattung *Homo*? Oder stellt er eine eigene Gattung dar, den evolutionären Zwischenschritt im Übergang von Südaffe zu *Homo*? Um sich endlich Klarheit zu verschaffen, meldet Lee Berger seinen MH1 zu einer speziellen Untersuchung in Frankreich an.

In Grenoble kommt die Steinzeit im Atomzeitalter an. In der multinationalen Großforschungsanlage Synchrotron wartet man schon neugierig, der *Sediba*-Junge ist mit Abstand der älteste aller Patienten, die da je in die Röhre geschoben wurden. Die Anlage, die den Schädel scannen wird, ist die modernste ihrer Art und liefert Computertomographien mit mikroskopischer Auflösung. 7000 Wissenschaftler stehen hier jährlich Schlange, um die stärkste Röntgenquelle der Welt zu nutzen. Neben den Pathologen, die hier forschen, sind es Geologen, die Gesteinsproben vom Mond untersuchen. Molekularbiologen spüren kleinsten Erregern nach, Raumfahrttechniker testen Materialien, Kunsthistoriker finden verborgene Schätze. So konnte kürzlich unter der Farbschicht eines unbedeutenden Gemäldes ein echter Rembrandt entdeckt werden.

Der *Sediba*-Junge sorgt für eine noch größere Sensation. Als der starke Strahl des Synchrotrons beginnt, den uralten Schädel des Steinzeitlers abzutasten, macht sich im Beobachtungsraum eine fast weihevolle Stimmung breit, verstummen selbst jene, für die solche Untersuchungen Alltag sind. Sogar die Hartgesottensten bekommen eine Gänsehaut, verspüren jenen Schauder, den nur das Gefühl von

Ewigkeit erzeugen kann, als sie in den Kopf eines Menschen blicken, der vor zwei Millionen Jahren lebte. Was sich vor dieser unvorstellbar langen Zeit wohl in seinen grauen Zellen abspielte, die grün auf den Monitoren der Wissenschaftler aufscheinen? Die Hirnmasse ist zwar längst vergangen, doch ihr Abdruck ist auf der Innenseite des Schädels erhalten geblieben. Das ist keine Einzelerscheinung, denn das Gehirn bildet sich bei allen Menschen ab, weil wir wachsen. Da es schneller größer wird als der Knochen, drückt es auf die Schädeldecke, drückt dem Schädelknochen sein Abbild ein. So auch beim *Sediba*-Jungen, dessen Hirnrinde nun mit all den größeren Blutgefäßen, Windungen und Furchen sichtbar wird. Sind in der walnussartigen Hirnstruktur schon Ideen aufgeblitzt, vielleicht bereits Gedanken entstanden? Konnte der *Sediba*-Junge denken?

In der Beule sitzt der Geist. In einer Beule des Gehirns, die der *Sediba*-Junge noch gar nicht haben dürfte. Diese markante Stelle hinter der Stirn ist das untrügliche Zeichen für die Höherentwicklung des Menschen, denn erst die Spezialisierung im motorischen wie im Denkapparat ließ die Frontallappen unterschiedlich wachsen. Diese Asymmetrie ist das besondere Kennzeichen des modernen Menschen, dem einst die Wissenschaftler ein doppeltes *sapiens* angehängt hatten. Der *Homo sapiens sapiens*, das zweifach weise Wesen? Aber nun zeichnet sich diese Beule plötzlich auch im Gehirn des *Sediba*-Jungen ab, was die Wissenschaftler dementsprechend völlig überrascht. Im Schädel des Steinzeitlers wölbt es sich leicht am Rand des linken Frontallappens, da wo beim modernen Menschen das Zentrum für Sprachverarbeitung sitzt. Auch die Motorik von Gesicht, Kehlkopf und Zunge werden von hier aus gesteuert. Konnte der *Sediba*-Junge bereits sprechen? Für diese Annahme spräche auch die Sylvische Furche, die sich auf dem Schädelknochen deutlich abzeichnet. Diese ausgedehnte Fissur befindet sich auf der linken Gehirnhälfte in der Nähe jener Region, die für das Sprachverständnis zuständig ist.

Die Sylvische Furche entzweit seit jeher die Wissenschaftler. Hier die eine Fraktion, hauptsächlich bestehend aus Linguisten, die mit dem Sprachwissenschaftler Philip Lieberman von der Brown University im US-Bundesstaat Rhode Island einer Lehrmeinung ist, dass erst der *Homo sapiens* den Mund aufbekommen habe, es also der moderne Mensch war, der frühestens vor 40 000 Jahren begonnen haben soll, die Sprache zu entwickeln. Gezwungenermaßen, denn das Sprechen war nach Lieberman lebensgefährlich (was wohl noch nicht zu den Talkshows durchgedrungen ist). Ursprünglich Ingenieur, sieht er den Spracherwerb mechanistisch. Da Menschen die einzigen Säugetiere sind, die wegen der Nähe von Luft- und Speiseröhre beim Schlucken nicht weiteratmen können, berge das Sprechen ein großes Risiko. An seinen eigenen Worten zu ersticken, sei nicht nur eine Metapher, sondern stelle eine tatsächliche Gefahr dar. Jedenfalls in Vorzeiten, als der Mensch das Zusammenspiel von Kehlkopf und Zunge zur Vokalerzeugung noch nicht unter Kontrolle hatte. Der *Homo sapiens* habe erst dann zu sprechen begonnen, als die Neandertaler seine Existenz bedrohten. Vor die Wahl Tod oder Tod gestellt, habe der *Homo sapiens* der Not gehorchend das Sprechen gewählt. Worte als Waffen im Überlebenskampf?

Die andere Fraktion, meist alles Paläoanthropologen, setzt den Beginn der Sprache sehr viel früher an. Sie trauen dem Objekt all ihrer Forschungen mehr zu als die Sprachwissenschaftler. Für die Linguisten ist die Sprache eine besondere Kulturleistung, die unmöglich von den Vormenschen erbracht werden konnte. Ein Südaffe, der spricht? Nie und nimmer, so ihr Diktum. Die These der Paläoanthropologen ist dagegen, dass sich Sprache genauso früh und so zwingend entwickelt haben muss wie der aufrechte Gang. Sie sind der Lehrmeinung, bereits die frühen Vertreter der Gattung *Homo* hätten miteinander kommuniziert, schließen aber nicht aus, dass auch ein *Australopithecus* wie der *Sediba*-Junge sprechen konnte. Wie er wohl sprach? Und was hat er wohl gesagt?

Am Anfang war aber mit Sicherheit nicht das Wort, am Anfang waren Laute. Was die ersten Worte waren, die je gesprochen wurden, werden wir nie erfahren. „Ich Tarzan, du Jane" war es sicher nicht, aber gewiss etwas Ähnliches.

Auch den Neandertalern spricht man die Sprache ab. Um deren Sprachfähigkeit hat es erbitterte Auseinandersetzungen gegeben, und sie dauern immer noch an. Als „stummes Volk" bezeichnet sie ganz aktuell der Anthropologe Brian Fagan in seiner jüngsten Publikation. Aber bereits seit 1983 sollte man es besser wissen, denn da fanden Forscher in der Kebara-Höhle in Israel das Skelett eines Neandertalers einschließlich des Zungenbeins, das – weil so winzig klein – ansonsten immer untergeht. Wie „Neandertalisch" klang, wird sich kaum klären lassen. Eine anatomische Besonderheit des Neandertalers ist, dass sein Nasenkanal ständig geöffnet war, folglich wird er stark nasal gesprochen haben (diese Anomalität macht ihn aber nicht zum ersten Franzosen). Wahrscheinlich hörten sich die Vokale a, i und u bei ihm hohler an; auch wird er stark genuschelt haben, da seine Zunge nicht die Beweglichkeit hatte, noch nicht so tief im Rachen lag wie beim modernen Menschen. Der Rachenraum war ein Experimentierfeld der Evolution; es dauerte, bis sich der Kehlkopf abgesenkt hatte, mit ihm dann die Zungenwurzel abrutschte und so die Zunge auf der ganzen Länge beweglich wurde.

Auch spricht ein Gen dafür, dass der Neandertaler sprechen konnte. Bei der Feststellung seines Genoms wurde im Oktober 2007 entdeckt, dass er das gleiche FOXP2-Gen hat wie der moderne Mensch – das Gen, das als ausgesprochen wichtig für die Entwicklung der Sprache erachtet wird.

Die Neandertaler konnten sprechen. Mussten sprechen, denn wie sonst sollen sich die großen Jäger der Eiszeit auf der Pirsch verständigt haben? Auch nicht auszudenken, die langen Winter so ganz ohne Schwatz auszusitzen. Kein Nähkränzchen ohne Geplauder. Da saßen sie dann dicht um das Feuer gedrängt, fertigten beim Licht der funzelnden Fettlampen die neue Pelz-Couture und hatten sich viel zu erzählen. Nuschelten aufgeregt vom Kampf gegen den Höhlenbären, von der wilden Treibjagd auf die Mammuts,[3] deren Fleisch sie über den Winter rettete. Und sie wussten von seltsam anderen zu berichten, neuen Menschen, die in ihren Jagdgründen aufgetaucht waren. Menschen, die nicht zu verstehen waren, auch weil sie eine andere Sprache sprachen.

IRRTUM 5:

DER NEANDERTALER WAR MEHR TIER ALS MENSCH

Der große Virchow wird zurate gezogen. Er, der berühmte Arzt, soll die Diagnose stellen. Eine abschließende, denn viel zu viele haben bereits an dem Fall herumgedoktert. Der Patient ist tot. Schon länger, da nicht mehr viel von ihm übrig geblieben ist. Wie lange er tot ist, daran scheiden sich seit Jahren die gelehrten Geister. Die Koryphäe soll es nun richten. Soll richten darüber, wer oder was es ist, das da im Neandertal gefunden wurde.

Im August 1856 stoßen Steinbrucharbeiter in diesem Tal bei Düsseldorf, von dem heute nur noch der Name geblieben ist, auf einige Knochen. Da sie nur auf Kalkstein bedacht sind, schaufeln sie mit dem Schutt ein Schädeldach und verschiedenes Gebein achtlos zur Seite, bis weitere Knochen sie doch innehalten lassen. Der Betreiber der Kalkgrube ist zufällig zur Stelle, und da er die Knochen für die eines Höhlenbären hält, weist er die Arbeiter an, den Abraum noch einmal sorgfältig nach weiteren Teilen des Skeletts zu durchsuchen. Ihre Ausbeute wird dann später Johann Carl Fuhlrott übergeben, der im nahen Elberfeld als Lehrer arbeitet und als passionierter Altertumsforscher gilt. Fuhlrott examiniert die Knochen, die man eilig wieder aus dem Geröll zusammengesammelt hat, wiegt dann lang den Schädel in seiner Hand, der so ganz anders ist als die verstorbener Zeitgenossen. Er ist mehr lang als hoch, die Stirn ist fliehend, der Knochen über den Augenhöhlen wölbt sich zu dicken Wülsten. Fuhlrott kommt zu dem Schluss, immer noch in biblischen Dimensionen denkend, dass es sich um den Kopf eines Urmenschen handeln muss, der lang vor der Sintflut lebte. Der Widerspruch lässt nicht auf sich warten, brandet ihm geradezu entgegen. Am 6. September 1856 schon weiß es die Eberfelder Zeitung besser und vermeldet: „Nach Untersuchung des Gerippes, namentlich des Schädels, gehörte das menschliche Wesen zu dem Geschlechte der Flachköpfe, deren noch heute im amerikanischen Westen wohnen.“ Im Inland lassen tatsächliche und selbst ernannte Experten kein gutes Haar an dem Schädel aus dem Neandertal. Mit Sicherheit seien es die Überreste eines Kosaken, so eine Gelehrtenmeinung, hätte doch das gefundene Skelett die typisch krummen Oberschenkel eines Reitersoldaten. Das sei ja so was von daneben, fährt der Nächste dazwischen, der Tote wäre augenfällig ein Kopfarbeiter gewesen, einer, der zeit seines Lebens über Gebühr die Stirn in Falten legte, sich quasi die Augenwülste angerunzelt hätte.

Das Machtwort spricht 1872 der große Virchow. Papperlapapp schleudert er denen entgegen, die den Findling als einen uralten Vorfahren ansehen. Ein Mensch der Jetztzeit sei es gewesen, nicht ganz richtig im Kopf, deshalb die Verformung des Schädels. Ein kranker Mensch, kein Vormensch, urteilt er Fuhlrotts Schützling ab, ein Verdikt, das in Deutschland 30 Jahre Bestand haben soll und aus dem Neandertaler hierzulande einen vorgeschichtlichen Nobody macht. Erst 1902 wird der N1 (= Neandertal 1) auch in seiner Heimat als Exemplar eines Frühmenschen anerkannt. Fuhlrott erlebte die Bestätigung seiner These nicht mehr, er starb bereits 1877.

Außerhalb Deutschlands schätzt man den Neandertaler eher, da tritt er schon kurz nach seiner Entdeckung einen Siegeszug an. 1860 hat sich hoher Besuch aus England angesagt, Charles Lyell will dem Neandertaler seine Aufwartung machen. Der berühmte Geologe hat wesentlich das Werk Darwins beeinflusst und gilt als großer Unterstützer des (R)evolutionärs. Seit Jahren widerspricht Lyell den Thesen von Georges Cuvier, dem führenden Naturforscher Frankreichs, der als Begründer der Paläontologie gilt. Einem Sonnenkönig gleich hatte dieser doch dekretiert: „L'homme fossile n'existe pas." „Und ob", setzt Lyell dem entgegen. Wenn Tiere zu Fossilien werden können, dann auch die Menschen. Man müsse nur konzedieren, dass es vor dieser langen Zeit bereits Menschen gab, was Cuvier nicht könne, da er eher ein Mann der Bibel als der Wissenschaft sei.[4] Lyell teilt die Ansicht Fuhlrotts, dass Knochen und Schädel aus dem Neandertal die Überreste eines Menschen sind, der zu Vorzeiten lebte.

Sieben Jahre nach der Entdeckung ordnet der irische Geologe William King den Neandertaler der Gattung der Frühmenschen zu und klassifiziert ihn als *Homo neanderthalensis*. Ein Jahr, bevor Virchow sein vernichtendes Urteil fällt, schreibt Charles Darwin: „Nichtsdestoweniger muss zugegeben werden, dass einige Schädel von sehr hohem Alter, wie beispielsweise der berühmte Neandertaler-Schädel, sehr gut entwickelt und geräumig sind." Die wissenschaftlichen Sphären waren zu keiner Zeit hehre. Schon damals wurde gehauen und gestochen, was das Zeug hielt. „Bevor sich eine neue Theorie durchsetzen kann, müssen erst ihre Gegner sterben", mag man da Max Planck zitieren. Sir Thomas Henry Huxley, Biologe und ein so verbissener Verteidiger der Darwin'schen Thesen, dass er den Beinamen Darwins Bulldoge hatte, bellte über den Kanal Richtung Virchow: „Es ist ein uralter Mensch, kein Kranker, stupid."

Obschon der Neandertaler ein Deutscher ist, konnten sich die Deutschen nie so richtig mit ihm anfreunden. Sie, die nicht erst seit Karl May ein Faible für den edlen Wilden haben, wurden mit dem Wilden aus der Steinzeit nicht warm. Virchow und die Seinen scheinen ganze Überzeugungsarbeit geleistet zu haben. Großer Kopf und nichts drin, assoziieren die meisten, wenn der Begriff „Neandertaler" fällt. Der Mensch aus der Eiszeit geistert als Steinzeitdepp, als unedler Wilder, als uncooler Fallensteller, als Bestie, die ihre Kinder frisst, durch Köpfe und Literatur. Den Nazis kam der Neandertaler wie gerufen. Ein Untermensch, wie er bald in all deren Büchern steht, neben dem die Arier so richtig zum Strahlen kamen. Aus einem Schulbuch der dreißiger Jahre: „Die plumpen, schwerfälligen Neandertaler waren im Kampfe mit der edleren und gewandteren Rasse unterlegen. Leicht und behende war der Gang der Rentierjäger, aufrecht trugen sie ihr Haupt und frei schwebte ihr Blick in die Ferne."

Auch die Neandertaler waren Rentierjäger, und sie dürften im Wettstreit mit *Homo sapiens* die besseren gewesen sein, wie neuere Forschungen belegen. Doch immer, wenn der *Homo sapiens* auf dem weiten Feld der Entwicklungsgeschichte den Kürzeren zu ziehen scheint, ist schnell einer seiner Bewunderer zur Stelle, der das angeblich schiefe Bild wieder geraderückt. So urteilt Brian Fagan in seiner kürzlich erschienenen Eloge auf den Cro-Magnon-Menschen: „Die Kommunikationsfähigkeit der Neandertaler war vergleichsweise begrenzt. Vor allem fehlten ihnen die Gabe der Vorstellungskraft, der Fantasie, sowie das Ich-Bewusstsein des modernen Menschen [...]."

1. Woher weiß er das?
2. Wirklich?

Die Neandertaler waren Künstler. In vielerlei Hinsicht. Zum einen waren sie Überlebenskünstler sondergleichen. In dieser kältesten aller Zeiten nicht nur ein Dasein zu fristen, sondern gut zu leben erforderte großes Geschick und Einfallsreichtum. Ihr Leben lässt sich mit dem in der Arktis vergleichen, aber die Eskimos wissen heutzutage die moderne Technik auf ihrer Seite. In der Eiszeit – wissenschaftlich Kaltzeit –, die vor 120 000 Jahren begann, war der Neandertaler allein und allein auf sich gestellt. Wenn die Welt noch tiefer unter dem Schnee versank, erforderte es echte Logistik, seine Großfamilie über den Winter zu bringen, sie über sechs Monate lang mit dem Notwendigsten zu versorgen. Ein warmes Quartier, ausreichend zu essen für die Sippe, die im Schnitt aus 20 Personen bestand. Genug Fett für die Lampen, um nicht ein halbes Jahr lang im Dunkeln zu sitzen. Genug Holz oder anderes Heizmaterial, um in der Zeit, wo die Temperaturen auf 40 Grad unter null sanken, nicht zu erfrieren. Die Neandertaler mussten das Feuer zu beherrschen wissen, denn in den langen, eisigen Wintern kam ihnen kein Gewitter zur Hilfe, wenn die Flammen erloschen.

Die Neandertaler waren Könner in Sachen Faustkeile. Hatten einfach das Gespür, wie ein Stein anzuschlagen war, um ihm die schärfste Schneide abzugewinnen. Sie waren Meister der Jagd, gleichwohl Meister der Selbstüberwindung, denn es gehörte schon eine riesige Portion Mut dazu, sich den Mammuts zu nähern. Die Neandertaler jagten mit Holzspeeren und -lanzen und mussten nah an das Wild heran, um es zu erlegen. In ihren großen Köpfen werden sie diverse Listen ersonnen haben, wie den Mammuts gefahrloser beizukommen war.

Der Neandertaler war durch und durch trainiert – ein Bild von einem Muskelmann. Der Kraftmensch der Eiszeit hatte einen Bizeps, der jeden Bodybuilder vor Neid erblassen ließe, einen Sixpack, wie er sich nicht schöner modellieren lässt. Diese genau definierten Muskeln als Waschbrettbauch zu bezeichnen, träfe es nur dann, wenn es ein Waschbrett für Giganten gäbe. Überhaupt lassen die Muskelansatzstellen auf den Knochen der Neandertaler auf berserkerhafte Kräfte schließen. Lebten die Eiszeitjäger heute noch unter uns, würden sie mit Leichtigkeit alle olympischen Disziplinen gewinnen – außer vielleicht das Synchronschwimmen und die tänzerische Gymnastik.

Die Muskelpakete betätigten sich wohl auch künstlerisch. Weil wir so darauf geeicht wurden, allein den *Homo sapiens* als Heils- und Kunstbringer anzusehen, übersahen bis dato auch viele Ausgräber von Neandertalern geschaffene Kunstwerke wie beispielweise fein eingekerbte Tierzähne, viele durchbohrt, um sie an einer Kette zu tragen. Dieser Schmuck wurde in einer Wohnstatt aus Neandertalerzeiten gefunden, doch man verwarf schnell die Idee, diese Objekte könnten von Neandertalern stammen. Da musste ein Irrtum vorliegen. Die Schicht war sicher gestört oder falsch datiert worden. Kunst vom Neandertaler – völlig unmöglich!

Wer die Möglichkeit zulässt, und dazu sind immer mehr junge Forscher bereit, erlebt sein blaues Wunder, das heißt ein rotes wie in den Höhlen von El Castillo und Nerja; die eine befindet sich hoch im Norden, die andere tief im Süden Spaniens. Der Eingang zur Höhle von El Castillo wurde bereits 1903 entdeckt, kurz danach auch die Malerei: rote Punkte und rote Hände. Menschen hatten da ihre Hände auf die Felswand gelegt und rotes Pigment darüber gepustet. Zu sehen sind gespreizte Finger in Grau mit einem roten Strahlenkranz. Anfangs wurden die Zeichnungen als „Schmierereien“ abgetan, bis die Wissenschaftler schließlich erkannten, dass es sich hier wohl um die ältesten Höhlenmalereien Europas handelt. Wie alt sie sind, das wollte Alistair Pike von der Universität Bristol 2012 ganz genau wissen. Die neueste Datierung besagt nun, dass die roten Punkte vor rund 41 000 Jahren an die Felswand getupft wurden. Zu dieser frühen Zeit war der *Homo sapiens* noch gar nicht in Europa angekommen, also müssen es Neandertaler gewesen sein, die sich hier als Maler betätigten. Von wegen fehlendes Ich-Bewusstsein: Sie machten aus ihren Händen Kunstwerke.

Am anderen Ende Spaniens stieß José Luis Sanchidrián in den Höhlen von Nerja bei Malaga auf Seehunde in Rot, die wie ein Muster eine Felssäule zieren. Holzkohle aus den Feuern, die den Malern wahrscheinlich Licht spendeten, wurde nun datiert. Die steinzeitlichen Strahler leuchteten vor 43 500 Jahren die Felswand aus; zu dieser Zeit waren jene, die uns die Höhlenmalerei erst bringen sollten, noch gar nicht auf unserem Kontinent angelangt.

Wieder in Spanien, wieder in einer Höhle, doch diesmal im Osten, entdeckten João Zilhão von der Universität in Bristol und sein Team in der Cueva de los Aviones am Mittelmeer ganz besondere Muscheln: Schalen, die ganz offensichtlich nicht Abfall eines steinzeitlichen Festmahls waren. Diese Muschelschalen sind fein geschliffen, mit Pigmenten rot und gelb eingefärbt, dazu mit einem Loch versehen, wohl um sie als Anhänger um den Hals zu tragen. Das Prunkstück fand sich 60 Kilometer landeinwärts vor dem Eingang zur Cueva Antón: die große Schale einer Jakobsmuschel, ebenfalls in den Farben koloriert, die 50 000 Jahre später die der Nationalflagge Spaniens werden sollen, Rot und Gelb. Alle diese Schmuckstücke wurden aus einer Schicht herausgelöst, die vor 50 000 Jahren die Erdoberfläche war. Zu dieser Zeit wandelten allein Neandertaler in dieser Gegend, der *Homo sapiens* hatte den Sprung von Afrika nach Europa noch nicht geschafft.

Immer, wenn wir gerade anfangen, die Neandertaler wertzuschätzen, saust – bumm krawumm – die Kannibalismus-Keule auf uns nieder. Die Verteidiger der Bessermenschen hämmern uns ein, dass die Neandertaler doch Tiere waren. Sie hätten die Ihren abgeschlachtet, um ans köstliche Knochenmark zu gelangen, um das Hirn aus ihren Schädeln zu schlürfen.

Schon 1899 stieß der Geologe Dragutin Gorjanović-Kramberger in der Höhle von Krapina nördlich von Zagreb auf einen Berg an Knochen. 889 Fragmente zählte er, die er rund 70 Menschen – 70 Neandertalern – zuordnete. Die Stätte, wo sie gestorben waren, schien eher Wallstatt als Ruhestätte gewesen zu sein. Die Köpfe waren abgeschlagen, die großen Röhrenknochen brachial geknackt worden. Dies grausame Wüten passte hervorragend zu dem Bild, das man sich im 19. Jahrhundert vom Neandertaler gemacht hatte: die seelenlose Bestie, die ihre eigenen Kinder fraß.

100 Jahre später bietet sich dem Prähistoriker Alban Defleur in einer Höhle hoch über der Rhone ein ähnlicher Anblick: geborstene Schädel, aufgeschlagene Röhrenknochen. Sechs Neandertaler scheinen hier von ihren Artgenossen verspeist worden zu sein. Ein gleiches Schlachtfeld findet sich in der Höhle von El Sidron im Norden Spaniens. Die menschlichen Überreste, die da gefunden wurden, hielt man erst für Opfer des Bürgerkrieges, weil offensichtlich ein Gemetzel stattgefunden hatte. Auch hier aufgebrochene Knochen von mindestens neun Neandertalern. Untersuchungen der Zähne weisen darauf hin, dass die Neandertaler vor ihrem Tod stark an Hunger litten. Aßen sie ihre Anverwandten, weil sie sonst nichts zu beißen hatten? Starben die Neandertaler aus, weil der Letzte den Vorletzten verspeiste?

Zwei ausgewiesene Kenner der Neandertaler schütteln wild den Kopf. Die Archäologen Ralf W. Schmitz und Michael Bolus, die sich in einem Buch als Fans der Neandertaler geoutet haben, geben zu bedenken, dass unsere Sicht der Dinge sicher nicht mit jener der Neandertaler kompatibel sei. Was uns als grausam erscheinen mag, war vielleicht ein besonderes Ritual, die Toten zu ehren. Denn sie ehrten ihre Verblichenen. Die Neandertaler waren die Ersten in der Menschheitsgeschichte, die ihre Toten bestatteten. Außerdem gibt Bolus zu bedenken, dass die richtige Interpretation von Kratzspuren an Knochen extrem schwierig ist. Derartige Schnittspuren wurden auch an

Knochen des *Homo sapiens* gefunden. Täter können aber mit Sicherheit nicht die Neandertaler gewesen sein, denn die gab es vor rund 30 000 Jahren nicht mehr.

Der Neandertaler ist nicht ausgestorben, weil er als Primitivling dem modernen Menschen unterlegen war. Kulturell war er ihm zumindest ebenbürtig, hatte Kunstempfinden ebenso entwickelt wie Speere und Keilmesser. Und körperlich war der bullige Kraftprotz dem *Homo sapiens* weit überlegen.

George Church findet die Neandertaler so exzeptionell, dass er beschlossen hat, sie zu klonen. Der amerikanische Genforscher hat kürzlich in einem SPIEGEL-Interview angekündigt, bald ein Neandertaler-Baby in seinen Armen zu halten. Den Neandertaler zu klonen, sei keine Schwierigkeit mehr, seit 2010 dessen Genom sequenziert wurde. Auf die Frage, warum er eigentlich den Neandertaler wieder erschaffen wolle, antwortet Church: „Vielleicht denken die Neandertaler völlig anders als wir, zumindest hatten sie ein größeres Gehirn, vielleicht sind sie sogar intelligenter als wir. Unter bestimmten Umständen – etwa, wenn wir in Zukunft einmal einer schrecklichen Pandemie gegenüberstehen oder wenn es darum geht, unseren Planeten zu verlassen – könnte ihre Form des Denkens für uns sehr nützlich sein."

Wie stellt sich Church die Zukunft vor? „Man müsste sicherlich viele von ihnen erschaffen, weil sie schließlich Gesellschaft brauchen. Nur so würden sie eine Form eigener Identität ausbilden. Es könnte eine Art Neo-Neandertal-Kultur entstehen, die auch politisch Bedeutung bekäme. Es ginge ja letztlich darum, die Vielfalt der Gesellschaft zu erhöhen. Wenn irgendetwas schlecht ist, dann ist es ein Mangel an Vielfalt. Diese Grundregel gilt für die Gesellschaft ebenso wie für die Kultur oder für die Evolution. Monokulturen laufen stets Gefahr unterzugehen. Deshalb betrachte ich die Erschaffung des Neandertalers als eine Form von Risikomanagement." Was jetzt noch fehle, sei nur eine Leihmutter, die den ersten Neandertaler der Neuzeit austrägt. Church wünscht sich dafür einen „besonders abenteuerlustigen weiblichen Menschen". Moderne Steinzeiten.

IRRTUM 6:

VON KOPF BIS FUSS BEHAART, BRAUCHTEN DIE STEINZEITLER KEINE KLEIDUNG

Lucy in the sky with diamonds. Wieder und wieder wummert dieser Hochgesang auf den Rauschzustand in den funkelnden Sternenhimmel Afrikas, wummert so laut, dass dem Nachtgetier das Brüllen und Röhren vergeht. Wie im Rausch bewegt sich an diesem 30. November 1974 Donald Johanson, er hat eine Frau gefunden, eine uralte junge Frau, der er auf den ersten Blick keine Beachtung schenkte. Bei näherem Hinsehen aber hat er erkannt, dass sie etwas ganz Besonderes ist, jetzt ist sie für ihn die Schönste überhaupt.

Der Paläoanthropologe hat einen schweißtreibenden Tag hinter sich, schweißtreibend wie alle Arbeitstage in der Glutsenke von Afar im Norden Äthiopiens. In Chicago daheim, kennt Donald Johanson derart hohe Temperaturen nicht, dabei kommt er gar nicht richtig ins Schwitzen, weil jeder Schweißtropfen, der seine Poren verlässt, in der Hitze von Hadar sofort verzischt. Eine Welt nicht von dieser Welt, die Steinwüste am Horn von Afrika, wo Berge glühen und Täler tiefe Schrunden sind, so tief, dass sie sich in Backröhren verwandeln, weil sich die dunklen Wände extrem aufheizen. Die steilen Abhänge sind aus Asche, die zu Stein verbacken ist, Asche von zig Vulkanausbrüchen, die sich vor Jahrmillionen hier zugetragen haben. Ideale Bedingungen fürs Konservieren frühen Lebens, besser Sterbens; der Glutofen ist quasi Frischhaltepackung für Fossilien von Mensch wie Tier aus Vorzeiten, und tatsächlich weist diese Region rund um Hadar die bis dato größte Knochendichte auf. Über 90 Prozent aller Südaffen, die zu *Australopithecus afarensis* gehören, wurden hier gefunden. Doch die größte Entdeckung steht noch aus.

Der 30. November 1974 ist für Donald Johanson ein besonders heißer Tag gewesen, dem eine noch heißere Nacht folgen soll, auch wenn das Thermometer dann nur schlappe 25 Grad misst. Auf allen vieren ist er heute in einem Wadi herumgekrochen, in einem dieser Trockentäler, wo die Mörderhitze steht, wo es noch heißer ist als ohnehin, die aber als beste Fundgruben gelten, da der Regen, so spärlich er hier auch fällt, doch immer den einen oder anderen Knochen auswäscht.

Die Sonne hat ihm zugesetzt, hat ihm Wunschbilder in den Kopf gebrannt, wie er ganz unter seinem Kopftuch verschwindet, um nur für Minuten der Hitze zu entfliehen. Donald Johanson hat die helle Haut, das helle Haar seiner Eltern, die beide aus Schweden stammen, ist also so gar nicht gerüstet für das Klima in Afrika. Bleich und blond ist er mit Haut und Haar Forscher, schafft es meist, die Sonne auszublenden und sich in seine Arbeit zu knien. Heute hat sich die Plackerei gelohnt, er hat schon einige menschliche Knochen aus dem Geröll geklaubt: das Fitzelchen eines Armes, das Fragment eines Oberschenkels und die Rückseite eines Schädels. „Nichts Besonderes dabei", denkt er sich, denn er findet immer das eine oder andere Gebein, bis er die Fundstücke genauer betrachtet und ihn plötzlich so ein Gefühl überkommt, die Knochen könnten sehr wohl von ein und derselben Person stammen. Jetzt wird seine Suche hektischer, er trinkt Flasche um Flasche, schwitzt, der Schweiß verzischt, verhindert aber, dass Donald Johanson den Hitzetod erleidet. Der Schweißfilm auf der Haut kühlt ihn ab, was wichtig ist, da ihm jetzt auch noch heiß vor Aufregung wird. Bis zum Abend hat er 47 von den 207 Knochen eines menschlichen Skeletts zusammengesammelt. In der Paläoanthropologie sind das nicht „nur" 23 Prozent, das ist ein Volltreffer, so gut wie 100 Prozent. Eine nicht nur in seinen Augen so gut wie vollständige Lady aus der Vorzeit, die wissenschaftlich den drögen Namen AL288-1 erhält, was Afar Locality, 288. Fundstück bedeutet.

Für die Forscher rangiert Fund 288 an erster Stelle. Als Tribut an ihr Gastland nennen sie den besonderen Fund *Dinknesh*, das heißt „du Wunderbare" auf Amharisch. Und Donald Johanson tauft sie Lucy nach dem Song der Beatles, den er am Abend seines Glückstages in einer Endlosschleife abspielt. Lucy in the sky with diamonds.

Lucy, die vor 3,18 Millionen Jahren starb, war nur einen Meter groß, wog zu ihren Lebzeiten etwa 27 Kilo, lief zwar bereits aufrecht, hatte aber noch die langen Arme ihrer äffischen Vorfahren, konnte sich also hervorragend von Ast zu Ast hangeln. Für Johanson die Schönste, wird sie dem heutigen Schönheitsideal nicht so richtig entsprochen haben. Ihre Nase war platt, die Nasenlöcher riesig – für ein Stupsnäschen musste sich die Evolution noch mächtig ins Zeug legen, auch, um aus der noch veritablen Schnauze einen Schmollmund zu formen, das Gesicht insgesamt von der Horizontalen in die Vertikale zu bringen, sprich: es menschlich zu machen. Und Lucy war stark behaart, weniger auf dem Kopf als an ihrem ganzen Körper. Die Haare müssen sie ziemlich gestört haben. Nicht kosmetisch, sie bremsten sie eher aus in ihrem neuen Lebensstil. Hatten sich ihre Vorfahren noch beschaulich in den Bäumen gefläzt, wo ihnen buchstäblich die Früchte in den Mund wuchsen, müssen sich Lucy und die Ihren mehr bewegen, um an Futter zu kommen. Ein Klimawandel hat die Wälder im Osten Afrikas ausgedünnt, in der neu entstandenen Savanne wächst nicht mehr viel Essbares, auch die Wasserstellen sind infolge der neuen Trockenheit dünner gesät. Für Lucy zahlt es sich jetzt aus, dass sich ihre Ahnen eines schönen Vortages aufrichteten und anfingen, auf zwei Beinen zu laufen. Ob es nur eine Laune der Natur war oder evolutionäres Notprogramm, das Überleben einer gerade auf den Weg gebrachten Spezies zu sichern – darüber sind sich die Wissenschaftler (noch) nicht einig. Lucy und ihre Sippe mussten laufen, damit sie nicht verhungerten. Und sie liefen meilenweit, um an einen Leckerbissen zu kommen: Fleisch. Die Ex-Vegetarier jagten noch kein Wild, aber sie jagten ihm hinterher. Bevor sie es selbst erlegten, dürften sie sich mit Raubtieren und Geiern um das Aas gestritten haben. Bei der Hatz nach dem Fleisch war das Risiko, zur Mahlzeit ihrer Mitesser zu werden, noch das geringste. Gefahr drohte ihnen nicht so sehr von Löwen und Hyänen, was die frühen Menschen wirklich zu fürchten hatten, war der Hitzschlag.

Für ihr jetzt bewegteres Leben war Lucy einfach zu haarig. Auf den nun ausgedehnten Streifzügen wird sie kräftig ins Schwitzen geraten sein, aber es war nicht der richtige Schweiß, womit das Problem begann. Das ölige Sekret der apokrinen Schweißdrüsen befeuchtete zwar ihr Fell, kühlte sie aber nicht ab. Peter Wheeler von der Liverpool-John-Moores-Universität kommt nach vielen Simulationen zu dem Schluss, dass die frühen Menschen ohne richtiges Schwitzen das lange Gehen und Rennen in der Savanne nicht überstanden hätten. Starke und andauernde Muskelaktivität heizt den Körper so sehr auf, was – wenn man nicht richtig und genügend schwitzt – unweigerlich einen Hitzschlag zur Folge hat. Fürs richtige Schwitzen wurden nun mehr von den richtigen Schweißdrüsen benötigt, den ekkrinen, die eine dünne, wässrige Flüssigkeit absondern, die zuverlässig kühlt. Auf dass also der Mensch zu einer Erfolgsgeschichte werden konnte, musste die Evolution schleunigst für Haarausfall und die Neuschaffung von ekkrinen Schweißdrüsen sorgen. Ein Witz zum evolutionären Coup – eine Nackte schaut auf einen über und über behaarten Urmenschen herunter und sagt: „Transpiration, mein Lieber, ich setze nur auf Transpiration." Sie lächelt überlegen: „Fortschritt beruht nun mal auf einem Prozent Inspiration und auf 99 Prozent Transpiration."

Lucys Großgroßenkel, endlich unbehaart, schlagen sich dann mit dem Problem herum, das Donald Johanson in 1,5 Millionen Jahren haben wird: Für die starke Sonne in Afrika sind die, die nicht längst Richtung Norden gewandert sind, viel zu hellhäutig. Forscher vermuten, dass ihre Haut rosig war wie die der Schimpansen noch heute unter dem dunklen Fell. Um einem chronischen Sonnenbrand vorzubeugen, verschafft die Evolution den frühen Menschen eine starke Hautpigmentierung, schafft so die ersten Dunkelhäutigen.

Gehört ein tierisches Haarkleid auch der Vorvorvergangenheit an, so hat sich doch etwas von Lucy im modernen Menschen erhalten: die Haarbalgmuskeln im Nacken. Dank ihnen wären wir immer noch in der Lage, unser Fell zu sträuben, so wir es noch hätten.

Natürlich depiliert, erobern die Frühmenschen die Welt. Endlich die hemmende Behaarung los, schwärmen sie aus, da sie ja nun lange und ausdauernd laufen können. Entwickeln sich weiter, so im Norden über den *Homo heidelbergensis* zu den Neandertalern, die allerdings in puncto neuer Heimat nicht gerade die Trumpfkarte gezogen haben: Die Ur-Europäer sind in der Eiszeit gelandet. Was hätten sie für ein Fell gegeben, doch da sie selbst keines mehr hatten, mussten sie sich mit fremden Fellen schmücken.

Der Neandertaler ist dank der mehr als 300 Skelettfunde die am besten untersuchte Art der Gattung *Homo*. Nun haben sich die Pathologen immer gewundert, dass der rechte Oberarmknochen des Neandertalers so viel dicker ist als der linke. Auch die Muskelansätze sind am rechten Arm stärker ausgebildet. Das käme sicher vom Jagen, erklärten die Paläoanthropologen. Die Rechtshänder hätten mit der rechten Hand die Lanze geführt und kraftvoll zugestoßen. Das mag ja sein, wenden die Physiologen ein, aber vom Lanzenstoß allein wird der Knochen nicht um so vieles dicker. Es sei denn, die Neandertaler hätten den ganzen Tag nonstop mit Speer und Lanze Wild erlegt, und das ihr Leben lang.

Zu Eiszeiten aber war ein derart exzessives Jagen unmöglich. Was dann hat der Neandertaler so intensiv betrieben, dass er einen derart gewaltigen Oberarm bekam? Durch Simulationen kamen die Wissenschaftler schließlich auf die Lösung: Dieser Frühmensch war ein Kürschner. Tagein und tagaus, das ganze Jahr hindurch waren die Neandertaler wohl damit beschäftigt, Felle sauber und weich zu schaben, weil Pelzmäntel für sie ein absolutes Muss waren. Ohne warme Kleidung hätten sie die harten Winter der Eiszeit kaum überlebt.

Mehr als tapfere Jäger sind die Neandertaler wohl tapfere Schneiderlein gewesen. Vielleicht gelang ihnen auch schon die Erfindung der

Nähnadel, die der Anthropologe Brian Fagan mit als die größte Kulturleistung der Menschheit feiert. Fast ebenso groß wie die Sprache, aber beides habe erst der *Homo sapiens* entwickelt. Nur der „Weise" hätte genügend Grips gehabt, so ein Wahnsinnsgerät wie die Nähnadel zu ersinnen.

Mit der Nähnadel schuf man Erstaunliches bereits vor 32 000 Jahren im Kaukasus. Zu dieser Zeit legte die Eiszeit gerade eine Pause ein, die Menschen konnten sich endlich luftiger kleiden. Ob es schon die modernen Menschen waren oder die letzten Neandertaler, vielleicht taten sich auch beide in diesem Nähstudio oberhalb des Rioni-Flusses zusammen, im Osten des Schwarzen Meeres, wo heute Georgien liegt. Was die frühen Couturiers da kreierten, war modisch der letzte Schrei, steinzeitlich gesehen der erste, denn sie fertigten jetzt ihre Gewänder aus einem völlig neuen Material. Kleidung aus Pflanzen,[5] denn die Jäger und Sammler hatten bereits gelernt, Flachsfasern zu Leinen zu verspinnen. Heute sind von den feinen Steinzeitzwirnen nur noch ein paar Fäden übrig, die Ofer Bar-Yosef und sein Team in der Dzudzuana-Höhle bergen konnten. Ein besonderer Glücksfall, das weiß der Israeli, der an der Havard-Universität lehrt, da Textilien die Stoffe sind, die am schnellsten zerfallen. Im Lehm der Höhle aber haben sich sowohl Fasern als auch Abdrücke von Kordeln erhalten, die vielleicht als Gürtel dienten. Oder die geflochtenen Leinenstränge wurden als Haltegriffe für Körbe genutzt. Die Forscher nehmen an, dass die Schneider von Dzudzuana auch Stoff mit Leder kombinierten, handwerklich durchaus machbar, da sie bereits mit einer Art von Nähnadeln stichelten, Nähnadeln aus Tierknochen, den ältesten, die bis dato gefunden wurden.

Der Schnitt der steinzeitlichen Kleider erschließt sich nicht aus ein paar Fasern, wohl aber deren Farben. Herr und Frau Feuerstein hatten es offensichtlich gern knallig, denn die Stoffe waren in einem kräftigen Pink, Türkis und Neongrün eingefärbt. Mit Pigmenten aus Wurzeln und Pflanzen kolorierte man die Fasern auch in gedeckteren Tönen wie dunklem Gelb und Schwarz.

Der Mensch hatte von seinem Anbeginn an einen Hang zu Farben. Die bunten Gesteinsbrocken auf dem Schreibtisch von Larry Barham von der Universität Bristol geben einen Einblick in Steinzeitlers Kleiderschrank. Grundbestandteil der uralten Garderobe waren diese Klumpen Ocker, die der Archäologe in einer Höhle in der Nähe von Lusaka, der Hauptstadt Sambias, fand und deren Alter, radiometrisch datiert, 300 000 Jahre beträgt. Ocker ist nicht nur ockerfarben. Es hängt von der Menge an Eisen ab, das sich als Oxide, Hydrooxide und Sulfate im Ocker befindet, ob die Farbe nun maisgelb, rosa, orange, violett oder braun ist. Wird Ocker erhitzt, verwandelt er sich in leuchtenden Rötel.

Farbe, nichts als Farbe trugen die Menschen damals auf ihrer Haut. Farben sind wohl die älteste Kleidung. Körperbemalung war nicht nur schön, sondern auch nützlich. So hielt ein Ocker-Fett-Gemisch die Parasiten vom Leibe und war wohl auch die erste Sonnencreme, da die im Ocker enthaltenen Eisenoxid-Kristalle die UV-Strahlen abschirmen. Vorrangig aber dienten die Farben der Ästhetik. Mode beginnt auf der Haut. Vor der Haute Couture die Haut-Couture.

IRRTUM 7:

DER *HOMO SAPIENS* IST EIN DIREKTER NACHKOMME DES *HOMO ERECTUS*

„Das Knöchelchen eines Tieres", denkt Mike Morwood, als er das kleine Gebein in Augenschein nimmt. Es ist weder versteinert noch von einer Kalkschicht überzogen, kann also nicht sehr alt sein, dabei ist der Ausgräber aus Australien auf ältere Knochen aus. Und auf größere. Auf menschliche, die er in dieser Tiefe erwartet hätte. Sechs Meter Erde und Sediment hat er bereits ausheben lassen hier in Liang Bua, was übersetzt „kühle Höhle" heißt, und tatsächlich hat er selten an angenehmeren Orten gearbeitet. Als Sommerfrische empfindet der Archäologe seine Grabung am Äquator, im Inland der indonesischen Insel Flores auf der luftigen Höhe von 500 Metern. Durch den Vorhang eines lichten Regenwaldes blickt er hinunter auf einen Fluss, sieht im Norden hinter dem durchbrochenen Grün die Bandasee, die Flores von der Nachbarinsel Sulawesi trennt. Die Natur temperiert die Höhle so wunderbar, dass sie bis vor kurzem noch als Schulraum diente. Jetzt lernen hier die Paläoanthropologen Neues aus der Entwicklungsgeschichte der Menschheit.

Mike Morwood inspiziert den kleinen Knochen, der bei näherem Hinsehen doch kein Tierknochen ist. Wäre er nicht so winzig, könnte der Röhrenknochen glatt ein menschlicher sein. Um die Überreste früher Menschen zu finden, ist er von Australien nach Indonesien gekommen – und hat Flores gewählt, weil das Gute ja immer am nächsten liegen soll.

Mike Morwood ist heimisch im australischen Darwin, und das liegt, nur durch die Wasserstraße der Timorsee getrennt, praktisch den südlichen Sunda-Inseln gegenüber. Er, der dazu noch in dieser Stadt als Professor an der Charles-Darwin-Universität lehrt, fühlt sich wohl gleich doppelt berufen, der Evolution der Menschheit nachzugehen. An Flores reizte ihn besonders, dass diese Insel zu keiner Vorzeit mit den Landmassen der Urkontinente verbunden war, frühe Menschen also immer übers Meer mussten, wollten sie zu ihr gelangen. Viele Wissenschaftler trauen unseren Ururahnen nicht zu, dass sie bereits erfindungsreich erste Boote bastelten, um zu neuen Ufern aufzubrechen. Der heutige moderne Mensch, der „Homo technicus“, denkt nun mal selbstherrlich, alle Mobilität hätte mit dem Auto begonnen und jegliche Kommunikation mit dem Handy. Und doch müssen Menschen vor fast einer Million Jahren in Flores an Land gegangen und dageblieben sein, denn auf der Insel wurden genau bei Liang Bua diverse Steinwerkzeuge gefunden, die dieses hohe Alter haben. Und wo Faustkeile sind, müssten doch jene nicht weit sein, die sie einst in Händen hielten, so die Überlegungen, so der größte Findewunsch von Mike Morwood.

Vorsichtig pult er den Knochen aus den vulkanischen Schichten, deren oberste sich – das wird die Datierung später ergeben – vor 13 100 Jahren in und vor der Höhle abgelagerte. Was er nun spitz zwischen Daumen und Zeigefinger hält, ist das Gegenteil von knochenhart. Dieses Knöchelchen ist weich, glibberig; „wie nasses Löschpapier“ hätte sich der Knochen angefühlt, so wird Morwood später den ersten Kontakt mit dem neuen Menschen schildern, auf den er im September 2003 trifft.

Aber noch ahnt Morwood nicht, mit wem er es zu tun hat. Er hält seinem Koausgräber den Fund unter die Nase, und Thomas Sutikna vom indonesischen Centre for Archaeology zögert nicht lang: „Das ist der Oberschenkelknochen eines Menschen." Und kommt dann doch ins Stottern: „Aber warum ist er so klein?"

Ja, warum? Mit Sicherheit ist es nicht der Knochen eines Babys, sondern der eines erwachsenen Menschen, der – wenn man die Knochenlänge auf die Körpergröße hochrechnet – nicht einmal einen Meter groß war. Ein Erwachsener, der verwachsen war? Etwa ein Zwerg?

Morwood und Sutikna nehmen sich jetzt das Areal genauer vor, wo der Australier das Knöchelchen gefunden hat. Auf einer winzigen Fläche von 10 Zentimetern mal 50 Zentimetern stoßen sie auf die weiteren Überreste des Menschleins: den anderen Oberschenkelknochen, beide Schien- und Wadenbeinchen, die Kniescheiben, Teile des Beckens und des Rückgrats, Rippen, Schulterblätter und Schlüsselbeine. Und die Krönung: ein intakter Schädel samt Unterkiefer. All das Gebein ist bis auf die Füße um einige Nummern kleiner als das eines Menschen, den wir als „normal" ansehen.

Wer bloß ist der Kleine, den sie da gefunden haben und den sie liebvoll ihren „Hobbit" nennen, ein Name, der ihm bleibt, auch als die Wissenschaft ihn längst zu ihren Großen zählt. Und der Hobbit kommt nicht allein, ist also nicht der singuläre Fall eines krankhaft Kleinwüchsigen, als den ihn viele Paläoanthropologen anfangs hingestellt haben. Die Ausgräber finden in Liang Bua die Überreste von weiteren 14 dieser kleinen Menschen, die vor 20 000 Jahren lebten, wie die Datierung ergibt. Das besondere Raumklima in der kühlen Höhle bewirkte, dass die Knochen nicht versteinerten, sondern wächsern wurden.

Ihr schönes Heim teilte sich die Sippe der Hobbits mit einem Rüsseltier, auch dies hatte hier im Gegensatz zu seiner üblichen Größe ein Bonsai-Format. Der Kleinwuchs war aber auf Flores nicht generell endemisch. Die Hobbits hielten sich nämlich einen Marabu, der im Zwergenreich weit größer wurde als anderswo.

Spuren von Holzkohle deuten an, dass sie das Feuer zu nutzen wussten; sehr fein gearbeitete Silexspitzen zeigen, dass sie Meister in der Verarbeitung von Feuerstein waren.

Mit kleinem Hirn doch Großes schaffen? Der Paläoanthropologe Peter Brown, der den Hobbit dann genauer untersucht, sieht in der

Vermessung des Schädels wie so viele der Kollegen die Hauptaufgabe seines Faches, als sei die Größe des Gehirns der Schlüssel zum Menschsein. Ob ein größeres Gehirn wirklich besser denken kann? So gedacht, wären ja die Elefanten die größten Denker auf Erden. Obwohl Brown dem Hobbit ein Gehirn „kleiner als das eines Schimpansen" bescheinigt, kleiner auch als das von Lucy, die drei Millionen Jahre vor ihm lebte, kommt er nicht umhin, den Hobbit zur Gattung *Homo* zu rechnen. In der Wissenschaft heißt er *Homo floresiensis* mit dem Kürzel LB1, der Erste aus Liang Bua.

Die kleinen Menschen von Flores tauchten vor 95 000 Jahren als (Spiel-)Art des *Homo* auf und starben vor 17 000 Jahren aus. Morwoods Hobbit war übrigens eine Frau, etwa 30 Jahre alt, als sie starb.

In der weißen Höhle eines Leipziger Labors wird 2010 ein neuer Mensch entdeckt. Ein Mensch „einer bisher unbekannten Art", obwohl man von ihm nur ein Glied seines kleinen Fingers hat. Gefunden wurde dieser Knochen nebst dem eines kleinen Zehs in der Höhle von Denisova im sibirischen Altai-Gebirge an der Grenze zu Kasachstan. Dazu kommt noch ein Backenzahn, und diese drei Teilchen, die wahrscheinlich von drei verschiedenen Individuen stammen, sind bisher alles, was die Wissenschaftler an Überresten von dieser neuen Menschenart haben. Dazu noch viele Steinwerkzeuge, deren Alter andeutet, dass der Denisova-Mensch ein Vorzeitgenosse des Neandertalers war.

Es war sein kleiner Finger, der ihn als *Homo* auswies. Svante Pääbo und Johannes Krause vom Max-Planck-Institut für evolutionäre Anthropologie in Leipzig extrahierten aus dem Fingerknochen die DNA, die sich stark von der des Neandertalers und jener des *Homo sapiens* unterscheidet. Der Findling aus der Denisova-Höhle ist ein entfernter Verwandter der beiden, gehört aber wie beide zur Gattung *Homo*. Da das Alter des Fingerknochens auf etwa 40 000 Jahre datiert wurde, existierte also, bevor der *Homo sapiens* mirakulös aus dem Dunkel der Entwicklungsgeschichte auftaucht – viele sagen: aufstrahlt –, neben den bis dahin bekannten Populationen der Neandertaler und des kleinen *Homo floresiensis* noch eine dritte Art von Menschen. Vielleicht bleibt ja der Denisova-Mensch nicht die einzige Neuentdeckung, vielleicht treffen die Wissenschaftler bald auf weitere entfernte Verwandte von uns. Schon-Menschen, die alle dazu beitrugen, dass der *Homo sapiens* eine Art Ausnahmeerscheinung wurde.

Aber zurück zum Anfang, zu unseren entferntesten Verwandten. Sieben Millionen Jahre bereits tobt sich die Evolution auf dem Gebiet der Menschenentwicklung aus, sie schafft Riesen, schafft Zwerge, stattet Menschen mit Muskeln aus, lässt auch das Gehirn anschwellen, modelt Kiemen zum Zungenbein um, macht, dass Haare wachsen und bei Nichtbedarf wieder ausfallen – und bekommt letztlich den perfekten Menschen hin; da kann man doch glatt die Kreationisten verstehen, die ihn als Produkt eines göttlichen Schöpfers sehen und nicht als Ergebnis eines Trial and Error der Natur.

Für die ersten vier Millionen Jahre des aufrechten Gangs haben wir gerade einmal drei Kronzeugen, und die wackeln, was nicht allein die Gehweise betrifft: den *Sahelanthropus*, 2001 im Tschad entdeckt, dessen Alter man auf sieben Millionen Jahre schätzt. Als nächsten den *Orrorin tugenensis*, den Urmenschen aus den Tugen Hills in Kenia, der vor sechs Millionen Jahren lebte. Wie seine Überreste zusammengesammelt wurden, ist eine dieser Fundgeschichten, die sich wie ein Märchen anhören: Auf den Backenzahn des *Orrorin* stößt man bereits 1974 in der Nähe von Nairobi; erst 26 Jahre später findet sich der dazugehörige Unterkiefer nebst Oberschenkelknochen, Oberarmknochen und einem Fingerglied. Der Dritte im Bund der Uraltvordern ist der *Ardipithecus ramidus*, der „Erdaffe", 1994 entdeckt und 4,4 Millionen Jahre alt.

Vom Suchen und Finden eines Zahns weiß auch Friedemann Schrenk eine Abenteuergeschichte zu erzählen. Schrenk ist jener Stuttgarter, der mit seinem Freund Tim Bromage nach Malawi ausgezogen war, um dort einen Frühmenschen zu finden. 1983 rufen sie mit einer Unbekümmertheit, wie sie nur junge Forscher haben, das „Hominid Corridor Research Project" ins Leben, dessen Forschungsgelände in einer Region liegt, die bald von den Kollegen als „Schweine-Korridor" verspottet wird, weil die Ausgräber nur die Überreste von Ursauen finden. Dann aber stößt Tim Bromage 1991 auf einen menschlichen Unterkiefer mit Molaren, doch fehlt – Unglück im Glück – ausgerechnet jenes Viertel des zweiten Backenzahns, an dessen Höcker die Wissenschaftler ablesen, wie weit menschlich dieser Mensch schon ist. Die Bruchstelle sieht frisch aus, also scheint das fehlende Eckchen erst kürzlich abgeschlagen worden zu sein.

Dies Leid eines Forscherlebens geht dann durch die Presse, der fehlende Zahn macht in Deutschland derart Schlagzeilen, dass drei Studenten ihre Hilfe anbieten, das Bruchstück zu suchen. Die Nadel im Heuhaufen zu finden ist für dieses Unternehmen eine gewaltige Untertreibung. Hier in der Felswüste, auf der Geröllhalde des malawischen Rifts, das Teilstück eines Zahns auszumachen, der weniger als einen Kubikzentimeter misst, der sich nicht von Steinen unterscheidet, da sich der Zahnschmelz in den Jahrmillionen verfärbt hat, grenzt an ein Wunder – Wunder aber scheinen ja in der Paläoanthropologie an der Tagesordnung zu sein. 1992 reisen also die drei Studenten an, schaffen erst mal eine Behelfsstraße vom Fundareal bis hinunter zum Malawisee, tragen dann die Sedimentoberfläche rund um den Fundort ab und verpacken diese sieben Tonnen Steinbrösel in 90 Sandsäcke, die sie zum See karren, um dort alles durchzusieben und sauber zu waschen. Und als würde das Glück sein Spiel mit ihnen treiben, entdecken die Studenten das Zahnstück an ihrem letzten Tag im letzten Sack.

Der Backenzahn, nun wieder ganz, reibt allen Zweiflern unter die Nase, dass Tim Bromage tatsächlich einen Frühmenschen gefunden hat, und auf Anhieb einen einzigartigen: den *Homo rudolfensis*, die ursprünglichste Art der Gattung *Homo*, also nach den Südaffen wie Lucy und den Wanderern von Laetoli den ersten richtigen Menschen, starke 2,4 Millionen Jahre alt. In dieser zivilisatorischen Startphase gesellt sich vor 2,2 Millionen Jahren zu den Gründungsvätern des *Homo*-Geschlechts noch der *Homo habilis*, der „geschickte Mensch", der wahrscheinlich einige Zeit parallel zum *Homo rudolfensis* lebte. Bei der weiteren Entwicklung der Gattung *Homo* scheint der *Homo habilis* allerdings eine weniger wichtige Rolle gespielt zu haben. Manche Anthropologen betrachten den *Homo habilis* auch als Vorfahren des *Homo ergaster*.

Der *Homo ergaster*, der dann vor 1,9 Millionen Jahren auf der Bildfläche der Menschwerdung erscheint, ist ein früher Vertreter des *Homo erectus*. Der eigentliche *Homo erectus* hat seinen „Auftritt" dann etwa 100 000 Jahre später.

Ein Bild von einem Mann, das Idealbild eines *Homo erectus* ist der Turkana-Junge, gefunden in der Nähe des gleichnamigen Sees in Kenia. Nicht nur für Paläoanthropologinnen der schönste Mann der Steinzeit. Ob er sich auch so wahrgenommen hat, sich überhaupt schon wahrgenommen hat, sein Antlitz im Wasser des Flusses betrachtete, der heute Nariokotome heißt? Hat er sich in die Augen geschaut, die unter üppigen Brauen wohl schon sehr wach in die Welt sahen? Seine Nase gerümpft, die sich jetzt fälteln ließ, da sie sich seit Lucy ausgeprägt hatte und in dem schmalen Gesicht hervorstach? Hat ein Lächeln seine Lippen geformt, die nun komplett die Mundpartie bestimmten und keinen Gedanken mehr an eine Schnauze aufkommen ließen? Ob er sich mit Wohlgefallen in der Wasseroberfläche gespiegelt hat? Hat er deshalb die Gefahr nicht erkannt, die ihn, was immer es auch war, sein Leben kosten sollte? Ob er im letzten Augenblick dachte, so er das schon denken konnte: „Das ist das Ende!"?

Das Ende kam vor 1,56 Millionen Jahren sehr schnell, wie auf einen Schlag. Im Sterben streckte er seine langen Gliedmaßen – wäre er nicht schon im Alter von zwölf Jahren, manche sagen neun, gestorben, hätte er als Erwachsener die stattliche Größe von 1,80 Meter erreicht. Sedimente bedeckten seinen Leichnam, schlossen ihn luftdicht ab, kein Raubtier machte sich an ihm zu schaffen, bis der Mensch ihn in seiner ganzen Makellosigkeit wieder auferstehen ließ. Zum schönen Mann passt die schöne Geschichte, dass es ein Mitarbeiter Richard Leakeys war, der den Turkana-Jungen fand. Richard ist der Sohn von Mary und Louis Leakey, der das Familienunternehmen der berühmten Frühmenschenfinder sehr erfolgreich fortführt. Gut 90 Prozent des Skeletts dieses *Homo erectus* sind erhalten geblieben, damit hält der Turkana Boy den Rekord unter den Frühmenschen in

Sachen Vollständigkeit. Die Vollkommenheit musste allerdings erst in langer Arbeit wiederhergestellt werden, da sein Schädel in 70 Einzelteile zerbrochen war.

Als der Schöne in der Nähe des Turkana-Sees in Ostafrika starb, war sein Menschenschlag bereits seit 200 000 Jahren in der Welt unterwegs. Sogar Ozeane hatte seine Sippe schon überquert, selbstredend da, wo ein Ende der Seereise abzusehen war, also an Meeresengen wie bei Gibraltar oder der Straße von Hormus. Der Vor- und Frühgeschichtler Martin Kuckenburg stellt sich vor, dass die steinzeitlichen Seeleute auf dem Prototyp einer Luftmatratze über die Meere paddelten. Auf „Schilfbündeln oder aufgeblasenen Tierhäuten" schafften es die „pleistozänen Nautiker" bis nach Indonesien. Dass sie die kurze Strecke übers Mittelmeer zu dieser frühen Zeit bewältigen konnten, zweifeln allerdings viele Gelehrte an, da „handfeste Beweise" fehlen. Seewege sind aber nun einmal nicht so leicht nachzuvollziehen wie die Wege über Land, die wohl die frühen Auswanderer eher genommen haben. Vor knapp zwei Millionen Jahren erreichte der *Homo erectus* Georgien. Die dort gefundenen Überreste von *Homo erectus* wurden auf 1,75 Millionen Jahre datiert.

Auf der Insel Java ist der junge Holländer Eugène Dubois im Jahr 1877 am Ziel seiner Wünsche angelangt. Als Militärarzt hat er sich nach Niederländisch-Indien versetzen lassen, wie die Holländer ihre Kolonie in Indonesien nennen. Der Doktor will Dienst an der Menschheit leisten, versteht das aber nicht gerade medizinisch. Nicht um lebende Menschen will er sich auf Java kümmern, sondern nach längst Verstorbenen suchen – nach den ersten Menschen. Dubois' Bibel ist eine neuzeitliche, die „Schöpfungsgeschichte" des Deutschen Ernst Haeckel, der von Beruf Zoologe, von Berufung überzeugter Darwinist ist. Wo wohl die Menschheit ihren Anfang nahm, darüber spekuliert dieser lang und breit und geographisch erratisch in seinem Werk. Für ihn deuten „die meisten Anzeichen auf das südliche Asien" hin, doch dann schwenkt er plötzlich um: „Vielleicht war aber auch das östliche Afrika der Ort, an welchem zuerst die Entstehung des Urmenschen aus den menschenähnlichen Affen erfolgte." Zaubert dazu noch eine neue Welt aus dem Ärmel, sprich aus dem Meer: „Vielleicht war es auch ein jetzt unter den Spiegel des indischen Oceans versunkener Kontinent, welcher sich im Süden des jetzigen Asiens einerseits östlich bis nach den Sunda-Inseln, andrerseits westlich bis nach Madagaskar und Afrika erstreckte." Für Eugène Dubois ist der letzte Satz eine Suchanleitung, doch sucht er paläoanthropologisch betrachtet auf Java eigentlich in einer völlig falschen Gegend, wie es Friedemann Schrenk beschreibt: „Er begann an einer Stelle in Java zu graben, die nach heutigen Vorstellungen als völlig aussichtslos gelten würde. Er grub in einem Gebiet, wo im Umkreis von Tausenden von Kilometern noch nie zuvor auch nur die kleinste Andeutung von Resten eines Urmenschen gefunden wurde." Aber Dubois grub – Zufall? Glücksfall? – auf den Zentimeter genau an der richtigen Stelle, fand da einen fossilen Schädel, den er dem Java-Menschen zuschrieb.

„Was heißt hier Mensch?", lässt sich aus Deutschland lautstark Rudolf Virchow vernehmen. Der in Sachen Paläoanthropologie ausgewiesene Fehldiagnostiker attestiert dieses Mal, dass der sogenannte Java-Mensch nichts anderes sei als ein fossiler Riesengibbon. Doch es ist sicher kein Affe, sondern ein *Homo erectus*, stolze 1,8 Millionen Jahre alt, der sich in dieser Ecke der Welt dann im Laufe der Vorzeit zum *Homo floresiensis* komprimierte, dem Hobbit von der Insel Flores.

So die Datierung nicht trügt – die aber von vielen Wissenschaftlern angezweifelt wird –, erreicht der *Homo erectus* vor 1,4 Millionen Jahren Europa. Ihm zugeschriebene Steinklingen, die bei Orce in der Provinz Granada gefunden wurden, sind so etwas wie seine Visitenkarte. Sicher nachweisbar ist er in Europa 600 000 Jahre später; da bezieht er an einer Höhle im kastilischen Atapuerca, wo 800 000 Jahre später Jakobspilger auch gern verweilen werden, zum ersten Mal ein saisonales Quartier. Auf seinem Weg Richtung Norden passt ihn die Evolution nun besser an die dortigen Gegebenheiten an, und aus dem *Homo erectus* wird der wuchtigere *Homo heidelbergensis*, der vor allem in England und Deutschland anzutreffen ist. Seine Sippen fühlten sich vor etwa 500 000 Jahren in Boxgrove und in Mauer bei Heidelberg zu

Hause, wie Ausgrabungen belegen. Bei Heidelberg wurde 1907 der Unterkiefer gefunden, nach dem die Art benannt wurde.

War es der große Frost, der die Menschen weiter veränderte, den *Homo heidelbergensis* vor über 200 000 Jahren zum *Homo neanderthalensis* formte, einen Menschen, der wie kein anderer vor oder nach ihm für ein Leben in der Eiszeit präpariert war? Vor 350 000 Jahren bricht mit der Riss-Kaltzeit die Mörderkälte über Europa herein, macht nicht allein Wald und Wiesen den Garaus – wer diese Minustemperaturen überleben will, muss sein Leben radikal umstellen. Angefangen bei der Nahrung, wo von nun an fast nur noch Fleisch auf dem Speiseplan steht, da bis auf Brennnesseln, Engelwurz und Schlangenknöterich kaum mehr Pflanzliches zu finden ist. Dieser Eiweiß-Overkill wirkt wahrscheinlich wie die Muskelaufbaukost heutzutage; und so mutiert der Neandertaler dank seiner „Steinzeit-Diät" samt all den Aktivitäten zu ihrer Beschaffung zu einem Vorläufer aller Schwarzeneggers – rein körperlich gesehen. Mag er auch plump und wuchtig gewesen sein, war er doch ein vollendeter Anpassungsakrobat. Es sind nicht allein die schönen Künste, die uns Menschen weiterbringen.

Was tat sich derweil in Afrika, als man im Norden so bravourös ums Überleben kämpfte? Es waren ja nicht alle Vertreter des *Homo erectus* in die Welt ausgezogen; mit der Subspezies der Stubenhocker ging es auch auf ihrem heimischen Kontinent voran, sie entwickelte sich, so sie sich denn überhaupt entwickelte, im Verborgenen. Bereiteten sie klammheimlich den Boden, die Bühne für den modernen Menschen?

Wo letztlich die Wiege des *Homo sapiens* stand, darüber streiten sich die Experten mit aller Inbrunst und Heftigkeit. Schaukelte sie allein in Afrika, wie es die Vertreter der Out-of-Africa-Theorie behaupten? Oder gab es doch diverse Wiegen, wie es die Verfechter der Multiregionalen Hypothese sehen? Ihrer Ansicht nach hat sich der moderne Mensch getrennt in verschiedenen Regionen der Erde entwickelt. Als Zeugen für ihre Theorie führen sie den Dali-Menschen an, 1978 in China entdeckt, dessen Schädel, obwohl sein Alter auf rund 300 000 Jahre datiert wurde, Züge des modernen Menschen aufweist.

Doch ob in Afrika oder in der ganzen Welt beheimatet – immer wieder wird die Entwicklung der Menschheit zurückgeworfen durch große Umweltkatastrophen, so durch den Ausbruch des indonesischen Vulkans Toba, der vor 70 000 Jahren den Menschen beinahe das gleiche Schicksal beschert hätte wie den Dinosauriern.

In Afrika lässt sich der *Homo sapiens* vor 195 000 Jahren zum ersten Mal erahnen: Omo 1 und Omo 2 könnten Oma und Opa des modernen Menschen gewesen sein. Von diesen beiden, die Richard Leakey 1967 am Fluss Omo in Äthiopien entdeckte, sind nur die Schädeldecken geblieben, doch dieser kleine Rest zeigt schon eine verblüffende Ähnlichkeit mit dem Stirnknochen heutiger Menschen. Dann stößt man 1997 bei Herto in der Awash-Region auf drei weitere Schädel, die erst für große Verwirrung sorgen, da sie so gar nicht zum Fundhorizont passen wollen. Die Schädel sehen aus wie die der Menschen heutzutage, wurden aber in einer Schicht gefunden, deren Alter vulkanaschenklar 160 000 Jahre beträgt. Der *Homo sapiens* tritt also in Erscheinung, aber nicht ins Rampenlicht. Eher trödelt er in Afrika zivilisatorisch vor sich hin. Neue Kunst? Zunächst Fehlanzeige. Zeichen von Baukunst? In keiner Weise. Revolutionäres in der Werkzeugtechnik? Nicht die Spur, denn das Werkzeug aus Stein wird wie gehabt gefertigt.

Ein Faustkeil ist für die Forscher mehr als nur ein scharfer Stein, sie sehen in ihm praktisch einen Ausweis, einen Ausweisstein der frühen Menschen. Da ein jeder anders zugeschlagen, ganz speziell zugespitzt wurde, können Fachleute anhand der Steinkeile bestimmen, welche der frühen Menschen sie geschaffen haben. Sehen also ziemlich genau, ob ein Faustkeil made in Neandertal ist oder bereits das Produkt des *Homo sapiens*.

Werkzeug von der Hand des frühen *Homo sapiens* entdecken Ausgräber 2011 am Persischen Golf, und das in der Schicht, die vor 125 000 Jahren die Erdoberfläche war. Sollten die Großväter des modernen Menschen tatsächlich so früh Afrika verlassen haben, wäre das eine Sensation, denn eine so frühe Wanderung hatten die Wissenschaftler noch nicht auf ihrem Radar. Wie aber sonst soll das Werkzeug, das für Steinzeitler das Kostbarste war, das sie immer mit sich führten, wie später die Zimmermänner ihr Beil, auf der Arabischen Halbinsel gelandet sein? Denkt man sich die Route weiter, ist Israel nicht weit, und plötzlich erscheinen die Funde von Qafzeh in einem neuen Licht. In dieser Höhle nahe Nazareth wurden bereits 1967 mehrere Skelette gefunden, die Merkmale des *Homo sapiens* aufweisen. Die Datierung ergab, dass diese Menschen aber schon vor über 100 000 Jahren verstorben waren, konnten also nach alter Denke nie und nimmer moderne Menschen gewesen sein, obwohl sie ganz danach aussehen.

Die Vertreter des *Homo sapiens*, die in Afrika verharren, treten zivilisatorisch nahezu auf der Stelle, kaum Anzeichen von Fortschritt sind erkennbar. Dass diese neuen Menschen nun so fast gar nichts neu machten, wundert den Mainzer Anthropologen Winfried Henke erheblich: „Diese Frühmenschen hatten alle Voraussetzungen für eine spezifisch menschliche Lebensweise, aber das Tempo der Innovationen war unerklärlich langsam."

Die Entwicklung nimmt erst Fahrt auf, als der *Homo sapiens* vor 65 000 Jahren (verstärkt?) beginnt, neues Terrain zu erschließen. Out of Africa steuert er erst Asien an, nimmt später dann auch Kurs auf Europa. In der Heimat der Eiszeitjäger wird es zu dieser Zeit etwas wärmer, der Neandertaler könnte sich endlich ein bisschen entspannen, da taucht vor 40 000 Jahren mit dem Cro-Magnon-Menschen ein eiskalter Typ auf. Ein Mensch mit mehr Köpfchen? Jedenfalls mengenmäßig ist im *Homo sapiens* der zerebrale Push-up auf seinem Höhepunkt angekommen: Bis zu 1700 Kubikzentimeter Gehirnvolumen hat der moderne Mensch unter der Schädeldecke, womit er nicht nur Gescheites anzufangen weiß.

Urknall der Kultur durch den Clash der Kulturen? Auf der einen Seite der alteingesessene Neandertaler, dessen Denken sich in alten Bahnen bewegte, auf der anderen die Zugezogenen, die allein durch ihr weites Reisen quirliger waren, schon die Spur schneller dachten. Hat diese Konfrontation unsere Zivilisation überhaupt erst angestoßen? Ergab sich erst aus dem Messen der Geister der schöpferische Geist, der Schöngeist? Hat das Reiben am anderen, die Konkurrenz, die ja Grundzug des modernen Menschen werden soll, den *Homo sapiens* zum Künstler, zum Erfinder, zum Philosophen gemacht? Brauchte gar der *Homo sapiens* den Neandertaler, um zum Überflieger zu werden? War etwa das Aufeinandertreffen der beiden *Homo*-Populationen die Initialzündung für die rasante Entwicklung des modernen Menschen?

War da nur Konfrontation, was Neandertaler und *Homo sapiens* betrifft? Ums andere K-Wort lavieren sich die Wissenschaftler herum, gar zu schlüpfrig scheint ihnen das Thema Vermischung von Neandertaler und *Homo sapiens* zu sein. Und so vermeint man zwischen Zeilen diverser Abhandlungen zum möglichen Liebesleben ein Hüsteln zu vernehmen, wenn es um die Klärung der Frage geht: Haben sie nun oder haben sie nicht? „Und ob!“, „Und wie!“, sagt der amerikanische Autor James Shreeve. Der *Homo sapiens* habe nun mal von Natur aus diese sexuelle Obsession; Barrieren wie Rasse, Kaste und Glaube hätten ihn zu keiner Zeit am Ausleben seiner Lust gehindert, und wenn diese Liebessucht eines seiner Markenzeichen ist, sei er sicher auch einst einer Neandertalerin verfallen. Mit einem kategorischen „Nie und nimmer“ positioniert sich dazu der Anthropologe Brian Fagan. Der Neandertaler sei einfach – äh – zu wild gewesen für den gesitteten *Homo sapiens*. Dass seine Ursprünglichkeit ihn so anziehend machte, kann Fagan einfach nicht nachvollziehen. Er unterschätzt den Reiz, den der wilde Mann auf Frauen ausübt. Die Schöne und das Biest sind doch seit jeher die Protagonisten der besten Liebesgeschichten. Neandertaler und *Homo sapiens* haben dann wohl doch. Ein bisschen. Bereits seit über 30 000 Jahren ausgestorben, haben sich die Neandertaler in der DNA des modernen Menschen verewigt. Jeder von uns ist also ein bisschen Neandertaler (manche sehr viel mehr, meinen einige und meinen damit nichts Gutes): Drei Prozent unseres Erbgutes ist genuin neandertalisch.

In der Auseinandersetzung „Out of Africa“ oder „Out of the world“ haben die Genforscher das vorläufig letzte Wort gesprochen. Bei der Abgleichung mitrochondrialer DNA der Erdbevölkerung stellten sie fest, dass die Urmutter des modernen Menschen vor 200 000 Jahren in Afrika gelebt haben muss.

Wie es für die Wissenschaft die Out-of-Afrika-Theorie gibt, existiert(e) in den Pseudowissenschaften die Geh-mir-weg-mit-Afrika-Bewegung. Gemeint sind jene weißen Männer, die nichts unversucht ließen, die Theorie, die Menschheit komme ursprünglich aus Afrika, aus ihrer Welt zu schaffen. Vom Affen abzustammen empfand man in den Herrenclubs von merry old England als weniger degoutant denn die Vorstellung, Abkömmling afrikanischer Menschen zu sein. Unmöglich, einen Schwarzen zum Urvater zu haben!

Der erste Mensch konnte nur ein Engländer gewesen sein, was denn ein sensationeller Fund im Jahr 1912 zu beweisen schien. Ein Rechtsanwalt aus Sussex zeigte den Darwinianern endlich, dass er und seine Brüder im Geiste sich nicht zum Affen machen ließen. Dieser Charles Dawson, der mehr in Kiesgruben als vor Gericht anzutreffen war, stieß nahe der Ortschaft Piltdown auf einen Schädel, selbstredend den des Urmenschen, den er gleich – Understatement war sichtlich nicht seine Sache – *Eoanthropus dawsoni* taufte: Dawsons Mensch der Morgenröte. Der Hobby-Archäologe entdeckte noch einen zweiten Schädel, und diese Funde hatten dann über 40 Jahre lang großen Einfluss auf die wissenschaftlichen Thesen zur Entwicklungsgeschichte der Menschheit. Erst Ende 1953 flog der Schwindel auf, Dawsons Urmenschenschädel wurden eindeutig als Fälschungen entlarvt.

Bis heute ist allerdings nicht geklärt, wer der Fälscher war, dem man eine gewisse Genialität nicht absprechen kann. War es der Finder Charles Dawson selbst, um sich kurz vor seinem Tod noch unsterblich zu machen? Oder Arthur Conan Doyle, wie damals viele vermuteten und heute immer noch vermuten? Er, der Sherlock Holmes schuf, sei für eine solche Geschichte immer gut gewesen, meinen nicht nur seine Bewunderer. Im selben Jahr, als der Piltdown-Schädel gefunden wurde, erschien sein Roman *Die vergessene Welt*. Urtiere und Urmenschen spielen darin die Hauptrollen, wobei Letztere very british agieren. Adam war ein Gentleman. Der erste.

IRRTUM 8:

STEINZEITLER WAREN DURCHWEG JÄGER UND SAMMLER, ALSO NOMADEN

Die Steinmetze murren. Ihr Magen knurrt, die Notrationen an getrocknetem Fleisch sind längst aufgezehrt, seit Tagen haben sie auf ausgezutzelter Rinde herumgekaut und nichts Richtiges zu beißen bekommen. Dabei sollten sie bei Kräften bleiben, da ihnen diese Arbeit das Äußerste abverlangt. Mit Meißeln aus Feuerstein kerben sie Millimeter für Millimeter den harten Fels ein, bis sie mannshohe T-Pfeiler aus den Hügeln hebeln, diese dann auf das Bergplateau bugsieren, dort in Kreisen aufstellen, um mit Steinkeilen Reliefs aus ihnen herauszuhauen. Was nur hat die Wildbeuter dazu gebracht, dass sie nun Tiere skulptieren, anstatt sie zu jagen? Was bloß hat sie bewegt, ihr Wanderleben aufzugeben, um hier im Südosten Anatoliens Unmenschliches zu leisten? Und das ohne Kost und Logis?

Jäger und Jägerinnen sind nicht bei ihren Leimruten geblieben, Sammler und Sammlerinnen haben zur Abwechslung Menschen gesammelt, haben die Nachbarclans zusammengetrommelt, um sich an ein wahnwitziges Projekt zu wagen. Vor 11 500 Jahren bauen sie den ersten Tempel, sie, die bislang allenfalls Jurten und Laubhütten errichtet haben. Sie sind ihrer Zeit weit voraus, denn erst in der Jungsteinzeit wird die Menschheit aufs solide Bauen und Anbauen kommen. In dieser Größenordnung, wie jetzt am steinzeitlichen Tempelberg geklotzt wird, werden erst in 5000 Jahren weitere Bauwerke entstehen. 5000 Jahre, wo uns doch die 2000 Jahre der christlichen Zeitrechnung schon als Ewigkeit erscheinen.

5000 Jahre, bevor in Europa Megalithen aufgewuchtet werden, 7000 Jahre, bevor die Ägypter überhaupt an Pyramiden denken, stellen die Wildbeuter Kleinasiens ihren Göttern ein mächtig' Haus hin. Ist der Bau schon ein Wahnsinnsunterfangen, arbeiten die Clanchefs wie irre an der Lösung des Hauptproblems: Wie bekommen wir die Hundertschaften an Handwerkern satt? Und das für eine lange Zeit, denn Steine mit Steinen aus dem Berg zu schlagen, den Tempel mit Steinwerkzeug zu bauen wird dauern, wird eine große Weile dauern. Mehr noch als die Körper werden am Bauchigen Berg – Göbekli Tepe auf Deutsch – die Köpfe zermartert, wird schwer nachgedacht, wo und wie die Nahrung beschafft werden kann. Alles Wild hat vor einer verzweifelten Jägerschar längst das Weite gesucht; auch ist die Gegend in weitem Umkreis bereits seit Beginn des Projektes abgegrast, und das im wahrsten Sinne des Wortes.

Was also tun? Wie gut, dass sich die Baustelle in jener Region befindet, die später mal als der Fruchtbare Halbmond bezeichnet werden wird. So können sich Forscher durchaus vorstellen, dass die bauenden Steinzeitler auch eine Revolution vorwegnehmen, die von den Wissenschaftlern als die Neolithische bezeichnet wird:[6] Die Menschen krempeln in der Jungsteinzeit ihren Lebensstil vollständig um, laufen nicht mehr den Tieren nach, sondern züchten sie vor dem Haus. Feldfrüchte wie Linsen werden nicht mehr gesammelt, sondern gezielt angebaut. Die Tempelbauer vom Göbekli Tepe wachsen nicht nur in puncto Architektur über sich hinaus; vielleicht starten sie, lang bevor die Menschen fest siedeln, ihren Feldversuch in Sachen Sesshaftigkeit, säen auf vorbereiteten Äckern Emmer aus, jenen Urweizen, der in dieser Region wild gedeiht. Allerdings wird in dieser frühen Zeit wahrscheinlich noch kein Brot gebacken, wohl aber der erste Brei gekocht.

Wurden Steinzeitler zu Bauern, um ein Heiligtum bauen zu können? War die Kultstatt gar ein Vorposten der Sesshaftigkeit, quasi eine Übungsstätte für die bäuerliche Daseinsform der Zukunft? Fest steht nur, dass die Tempelbauer, so sie überhaupt kurzzeitig Landwirtschaft betrieben, nicht Bauern blieben. Als das Jahrtausendprojekt endlich fertig ist, ziehen sie wieder ihrer Wege wie schon ihre Vorvorfahren. Aber anders als die Nomaden der Neuzeit treiben sie noch keine Tierherden vor sich her, sind eher Getriebene der Wildwechsel. In diesen Vorzeiten ist das Fladenbrot noch weit. Als Erstes werden die Menschen Häuschen backen, wie vor 9500 Jahren auf Zypern.

Schwer ist es, den Faustkeil zu umfassen. Noch schwerer ist es, mit diesem Werkzeug aus Stein einen Baumstamm zu entrinden. Noch mehr müht sich der, der gerade mit spitzem Obsidian ein Loch in eine Felsschwelle bohrt. In die Vertiefung soll der Holzpfosten passen und zwar so genau, dass sich die Bohlentür, die an ihm hängt, bald wie geschmiert öffnen und schließen lässt. Leicht geschürzt sind Männer und Frauen, die Lehmbrei rühren und Ocker anmischen. Eine Brise vom nahen Meer fächelt Kühlung zu und trägt gutturale Urlaute weiter.

Da dudelt plötzlich ein Handy. Rufe werden deutlich, und die gutturalen Urlaute entpuppen sich als Schottisch. Chef der steinzeitlichen Baustelle im Südwesten Zyperns ist ein Professor der Universität von Edinburgh: Edgar Peltenburg, der seit 1976 hier auf der Insel den Anfängen des Häuslebauens nachgeht. Wo die ersten Zyprioten am liebsten siedelten, das weiß er von bereits entdeckten Dörfern an der Südküste. Nicht zu nah am Meer, aber mit schönem Blick darauf; immer auf einem Hügel im Küstenhinterland zogen die Steinzeitler ab 7500 v. Chr. ihre Kreise. Kreise zum Wohnen. Auf die Grundrisse der typischen Rundhäuser stieß der Ausgräber dann auch außerhalb der Ortschaften Lemba und Kissonerga. Die kleinste der frühen Behausungen maß drei Meter im Durchmesser, die größte stolze 16 Meter. Er fand viel feinen Stuck mit Spuren von Farbe, aber nicht die geringste Spur von Lehmziegeln. Wie bloß, fragte sich Peltenburg konsterniert, hat man den Bau des Riesenhauses ohne Ziegel hinbekommen?

Was war mit der Statik? Und wie musste ein Dach konstruiert sein, das 16 Meter überspannen konnte? Eine „Rekonstruktion auf Papier" beantwortete keine seiner Fragen. Der Archäologe musste zu einer anderen Methode greifen.

Zu Steinen greifen wie in der Steinzeit. Mit den Resten der Originalbauten vor Augen, wagte sich Peltenburgs Team als Startprojekt an ein Rundhaus mittlerer Größe mit einem Durchmesser von zehn Metern. Über 100 Tonnen Erde, Steine und Holz wurden bewegt und verbaut, was einen Monat harter Arbeit für zehn Leute bedeutete. „Wirklich harte Arbeit", stöhnt Peltenburg noch in der Rückschau. Leichter taten sich da die steinzeitlichen Baumeister. „Sie haben mit Sicherheit effizienter gearbeitet als wir Archäologen", räumt der Wissenschaftler ein.

Wie zu Steinzeiten wurde nicht nur gebaut, sondern auch geschleppt. Feldsteine sammelte man in der Umgebung und gewann Lehm aus den Senken der Bäche. Bäume wurden im Hinterland gefällt, Strauchwerk der Macchie gebrochen, und aus dem Meer holten die Studenten eine spezielle Wasserpflanze. Abdrücke in den Originalmauern hatten die Wahl des Materials vorgegeben. Auch das Fundament, an einigen Stellen in Lemba akribisch ausgegraben, mussten Peltenburgs Mitarbeiter nur nachbauen: ein Kreis aus Steinen, verbacken mit einem Mörtel aus Lehm und Stroh. Wie aber die Wände einst hochgezogen wurden, galt es nun auszuprobieren. Da die ersten Versuche scheiterten, sprich die Wände brachen, musste etwas mit dem Lehm geschehen, um ihn geschmeidiger zu machen. Mit viel Beinarbeit wurde er in die richtige Konsistenz getreten und mit dem Wunderkleber Neptungras abgebunden.

Wie bei einem überdimensionalen Tontopf kam nun beim Rundhausbau Wulst auf Wulst. Wenn die jeweilige Lehmlage ausgetrocknet war, wurde weiter aufgebaut. In den heißen Sommermonaten ging die Arbeit ohne große Pausen voran, da die Sonne förmlich die Wände buk. Sie hielten nun, aber jetzt zerbrachen sich die Wissenschaftler den Kopf über die Dachkonstruktion. Als tragfähigstes Konzept stellte sich das Quadrat im Rund heraus. Vier Pfosten im Innern stützen die Dachbalken ab; das mittige Viereck, das sie bilden, bleibt offen als

Abzug für den Rauch aus dem zentralen Herd. Die Sparren wurden mit Gesträuch verwoben, darauf schichtete man dick Myrtenäste und darüber büschelweise Ried. Das Ganze decken 20 Zentimeter Mergel ab, jenes Gemenge aus Kalk und Ton, das bis heute auf Zypern für den traditionellen Flachdachbau verwendet wird. Das steinzeitliche Dach ist dicht, auch weil es leicht geneigt ist.

Schöner wohnen in der Steinzeit. Nach den Wandknetern kommen endlich die Wandmaler zum Zuge, die auf dem hellen Lehmverputz mit rötlichem Ocker Linien ziehen, auf der gewölbten Unterlage die Ecke herausstreichen. Vorlage sind die „Tapeten" eines tönernen Hausmodells, das die Archäologen hier bei den Ausgrabungen fanden. Im runden Puppenhaus aus der Steinzeit sind die Wandmuster streng geometrisch. Die Puppen in der 25 Zentimeter hohen Stube bilden eher die damaligen Verhältnisse ab: Die Frauen des Hauses sind Große Mutter, der Mann ist ein Männchen. Frau machte es sich bequem, man(n) machte es sich bequemer. Da sie nicht mehr wandern mussten, wuchs ihre Habe. Diese beweglich zu nennen, ist ein Euphemismus, denn die Vorratsamphoren ließen sich nicht bewegen. Der Mensch „töpferte" jetzt nicht nur seine Häuser, sondern neben feinerem Geschirr auch große Behälter für die Vorräte.

Sesshaftigkeit bedeutet nicht allein, in einem Haus zu leben. Ein saisonales Quartier hatten sich allemal schon der *Homo erectus* und der Neandertaler errichtet. Sesshaftigkeit heißt, dass die Menschen Bauern werden, Äcker bestellen und Tiere halten, was dann in der Jungsteinzeit passiert. Eigentlich läutet das Neolithikum eine neue Epoche der Menschheitsgeschichte ein, müsste also für sich stehen und nicht eine Art Wurmfortsatz der Altsteinzeit sein. Dass die lange Ära der Jäger und Sammler und die weit kürzere der Urbauern unter dem Oberbegriff „Steinzeit" zusammengefasst werden, sorgt auch im Wissenschaftsbetrieb immer wieder für Irritationen.

Am Übergang von der Alt- zur Jungsteinzeit streifen Wildbeuter, streift noch der Löwe durch die Urwälder, die Graslandschaften Kleinasiens, während Jäger und Sammler im westlichsten Zipfel Anatoliens endlich darangehen, sesshaft zu werden. Dort lernen die Nomaden nun, was die Tempelbauer-Bauern 5500 Jahre zuvor am Göbekli Tepe vielleicht schon lernten: dass sie zum Ernten der Ährengräser nicht mehr wandern müssen, wenn sie selbst die Aussaat in die Hand nehmen. Es dauerte lang, bis sich die Landwirtschaft nach Westen fortgepflanzt hatte. Während die Bauern im Süden Anatoliens Mitte des 8. Jahrtausends v. Chr. neben dem Land auch ihre Dörfer kultivierten wie in Çatal Höyük, blieb der Westen noch zivilisatorische Wüste.

Kommt die agrarische Bewegung vor 6000 Jahren auch an der Ägäis an, scheint die feine Lebensart aber erst einmal auf der Strecke geblieben zu sein. Keine Spur von Wohnwaben à la Çatal Höyük, von bunt bemalten Wänden wie auf Zypern, von feiner Tonware wie im Nahen Osten. Die Bauern in spe in der Gegend ums heutige Izmir hielten sich lieber an Altbewährtes: Im letzten Abschnitt der Steinzeit siedelten sie genau da, wo schon das ganze Neolithikum hindurch die Sesshaftigkeit saisonal ausprobiert worden war. Und ihr erstes richtiges Dach über dem Kopf war wie zu Altsteinzeiten nur ein Dach: ein Haus gewordenes Zelt, dessen Schrägen aus Ästen bestanden, die man mit Reisig verflocht. Auf das Urfachwerk wurden Lagen von Lehm aufgetragen, bis das Gesträuch unter dem Verputz verschwunden war.

Ausgangs der Steinzeit kommt dann auch hier im neolithischen Entwicklungsland mit Macht der Fortschritt. Wie der aussah, eruiert Ourania Kouka. Die Archäologin beugt sich über eine Art Blaupause der Hauskonstruktion. Wie hier vor 5500 Jahren gebaut wurde, entnimmt sie einem Plättchen Lehm, Bruchstück der einstigen Dachabdichtung, in dem deutlich der Abdruck verwebter Zweige zu sehen ist. Dies Anschauungsmaterial zu jungsteinzeitlicher Baukunst stammt aus der untersten Schicht eines Siedlungshügels, in der Türkei „Höyük“ oder „Tepe“ genannt. Die Griechin arbeitet sich durch den Liman Tepe, den Hafenhügel an der Schiffslände der Kleinstadt Urla, 40 Kilometer westlich von Izmir. Bei der Spezialistin für frühe Kulturen in der Ägäis hatte 1997 der Projektleiter Hayat Erkanal angefragt, ob sie sich vorstellen könnte, an einer Grabung in der Türkei teilzunehmen. Ourania

Kouka wollte nichts lieber als das, denn in Fachkreisen wurde Urlas Hafenhügel bereits als Tepe archäologischer Highlights gehandelt. Und so funktioniert wissenschaftlich bestens, was politisch nicht immer klappt – eine türkisch-griechische Kooperation. Miteinander arbeiten sie nun heraus, dass es bis auf die letzten Jahrhunderte immer ein Kulturkreis war, der rund um die Ägäis bestand.

Ourania Kouka wechselt die Seite, zieht in der Türkei in das Behelfsgrabungshaus am Strand, das – wäre da nicht das Wellblech – leicht ein Bau aus jener Zeit sein könnte, in der sie von Berufs wegen zu Hause ist. In der letzten Phase der Steinzeit, dem Chalkolithikum, konnten die Menschen auch weit stabiler bauen, wollten sie das unterbringen, was für sie das Kostbarste war: ihre Vorräte, die es ihnen ermöglichten, an Ort und Stelle zu bleiben, sesshaft zu sein. Schatzkammer war die Speisekammer, speziell die Silos für Getreide. Sicherer als ihr Lager war das fürs Korn, denn die Bauern von Liman Tepe errichteten die Vorratsräume mit der sogenannten Pisé-Technik: Zwischen zwei Schalbretter stampft man stark tonhaltige Erde ein, die ausgetrocknet eine feste Mauer ergibt. Diese Speicher zeigen nicht nur Fortschritte in der Bautechnik auf, sondern sind auch Indiz für die bereits gut organisierte Landwirtschaft.

Anders als die Nomaden konnten sich die Bauern mehr Kinder leisten, da sie ja nun die Nahrungsproduktion in der Hand hatten. Mit der Bevölkerung wuchs aber auch der Bedarf; immer mehr Land musste urbar gemacht, immer mehr Tiere mussten in Herden gehalten werden. Auch der Mensch hatte sich zu domestizieren. Die bäuerliche Gemeinschaft benötigt, soll sie und alles gedeihen, nicht nur die Unterstützung der Wettergötter, sondern Lenkung durch irdische Mächte. Um ein Dorf optimal zu versorgen, braucht es genossenschaftliche Strukturen und die können Ourania Kouka und ihre Kollegen bereits in der chalkolithischen Siedlung des Liman Tepe erkennen. Sie haben auch herausbekommen, was bei den letzten Steinzeitlern auf den Tisch respektive den gestampften Lehmboden kam: Fladenbrot aus Gerste, Brei aus Einkorn und Emmer, den Wildformen des Weizens. Verkohlte Körner dieser Getreidesorten fanden die Archäologen in den Silos; dazu Linsen, die den spätsteinzeitlichen Speiseplan bereicherten.

Der nun sesshafte Mensch war nicht allein auf Feld und Weide beschäftigt. Als Bauer hatte er am Ende der Steinzeit die Zeit, sich dem Handwerk zuzuwenden. Er hämmerte, er sägte, er schnitzte, er töpferte – die bewegliche Habe wurde mehr, seit sie nicht mehr bewegt werden musste, und füllte die festen Zelte. Neben der Bettstatt war die Werkstatt, denn die Katen waren nicht allein Bauernhäuser, sie beherbergten bereits erste Manufakturen. Es hatte sich ausgewandert.

Als Auslöser für die Sesshaftigkeit sieht der Evolutionsbiologe Josef Reichholf ganz provokant – den Suff. Der Mensch wollte sich endlich heillos betrinken, ohne am nächsten Tag mit schwerem Gepäck und noch schwererem Kopf durch die Savanne zu ziehen. Ein Haus musste her, ein Bett, um all die Kater auszuschlafen. Die Lust am Rausch und der Wunsch nach gemeinsamen Gelagen hätten die Menschen dazu gebracht, Getreide anzubauen. Brot war da die nette Nebenerscheinung, Hauptsache war das Bier. Ob man nun die Götter feierte oder auf gute Nachbarschaft trank – die harten Steinzeiten waren vorbei, die Steinzeitler ließen sie – so Reichholf – in einem rauschenden Fest ausklingen.

IRRTUM 9:

DIE STEINZEITLER KANNTEN NUR WERKZEUGE AUS STEIN

Er wiegt den Speer. Der Stab aus Holz liegt gut in der Hand, liegt noch besser in der Luft. Raymond Hecht kann es nicht glauben, dass dieses Gerät uralt sein soll. Der Speerwerfer, dessen Weite von 92,60 Metern, geworfen 1995, immer noch deutscher Rekord ist und ihn bis dato zum viertbesten Speerwerfer aller Zeiten macht, läuft federnd an und schleudert den Speer hoch in den Schöninger Himmel. Schaut ihm nach und fragt dann den kleineren Mann, der zu ihm tritt: „Wie alt, sagten Sie, ist dieses Ding?“

„400 000 Jahre“, sagt Hartmut Thieme.

„Das ist, also das ist …“, Hecht weiß nicht weiter.

„Das ist ziemlich alt, ja“, vervollständigt Thieme.

„Aber 400 000 Jahre! Gab’s da überhaupt schon Menschen?“, hakt Raymond Hecht nach.

„Aber ja“, sagt Thieme.

„Menschen wie wir?“, fragt Hecht ungläubig.

„Noch nicht ganz“, sagt Thieme und will schon ausführen, dass hier in Schöningen vor Hunderten von Jahrtausenden eine Gruppe von *Homo heidelbergensis* lebte, da wird ihnen vermeldet, dass der Speer bei 64,91 Metern gelandet ist. Gerade mal einen halben Meter weiter wirft Raymond Hecht später mit seinem ultramodernen Karbonspeer.

„Also ich muss schon sagen ...“, tritt Hecht nun an Thieme heran und ergänzt voller Bewunderung: „Wie ich das sehe, müssen das tolle Sportsleute gewesen sein.“

Das waren die, die vor 300 000 Jahren diese Speere in Händen hielten, mit Sicherheit nicht. (Da der Fundplatz zum Zeitpunkt des Gesprächs noch nicht im Detail ausgewertet war, konnte Thieme damals noch nicht wissen, dass die Speere vielmehr rund 300 000 Jahre alt sind.) Damals galt es nicht, Rekorde zu killen, sondern große Tiere. Den Steinzeitjägern ging es weniger um Weite als um Durchschlagskraft, die sehr groß sein musste, wollten sie ein Mammut oder ein Ur-Nashorn töten. Warum sie nicht eher auf kleineres Getier aus waren? Das lief den frühen Waidmännern davon und warf auch nicht genügend Fleisch für die Sippe ab. Großwildjagd war also das Gebot, man nahm es aber zur Not auch mit den Kleineren, den Schnelleren auf. Hier bei Schöningen töteten die Jäger unter vielen anderen Tieren auch eine Herde Pferde.

1994 ist für Hartmut Thieme ein Glücksjahr. Der Archäologe wird sein Büro im Niedersächsischen Amt für Denkmalpflege gegen ein Zelt in einer Kohlengrube am ehemaligen Zonenrand eintauschen. Von Hannover ins Outback Deutschlands. Was gar nicht romantisch klingt, ist eine der traumhaften Geschichten, wie sie wohl nur Archäologen erleben.

Vor seinem Abtauchen in einen verlandeten See der Altsteinzeit ist da dieser Weckanruf in seiner Dienststelle. Eine laute, aufgeregte Stimme haspelt am Telefon, überschlägt sich fast, er müsse kommen, sofort, sie hätten da Holz gefunden, wo kein Holz mehr sein sollte, in einer Tiefe, wo doch nur noch Kohle ist, Kohle, aber es sind Stöcke, Holzstöcke, unvorstellbar – so der schnelle Lagebricht des Anrufers am anderen Ende der Leitung.

Hartmut Thieme zögert erst, aber da sei etwas gewesen, was ihn getrieben hätte, also setzt er sich ins Auto und fährt Richtung Osten nach Schöningen im Landkreis Helmstedt, ins Revier Niedersachsens, das noch fünf Jahre zuvor unterentwickeltes Zonenrandgebiet war. Seit 1992 wird hier vermehrt Braunkohle im Tagebau gefördert, und Thieme steht bald vor einem dieser Abbaukrater, die bis zu 100 Meter tief sind und sich als Bild einer Mondlandschaft in das Gedächtnis eingraben. Für Thieme wird der Kohlekeller zum Garten Eden, der er ja vor 300 000 Jahren auch war.

„Also, ich stelle mir das so vor", beginnt Hartmut Thieme, der auch beidhändig zu rauchen scheint, mit großen Gesten zu erzählen. „Wir haben Spätsommer, es weht ein leichter Wind von Norden, und mit dem Wind trabt eine Pferdeherde heran, vorneweg die Leitstute, die ihre Nüstern bläht, um festzustellen, ob die Luft rein ist, ob sie und ihre Herde sich gefahrlos der Wasserstelle nähern können."

Wo heute der Kohlekrater ist, war vor 300 000 Jahren die Bucht eines Sees, eines „lauschigen", wie es Hartmut Thieme vorschwebt. Ein Ufer mit Wasserpflanzen, Binsen und Schilfkraut.

„Die Stute wittert noch ein Weilchen, gibt dann den Weg frei", er inhaliert lange: „Den Weg ins Verderben!"

Aus dem Schilfdickicht fliegen Speere, Pferde werden getroffen, meist am Hals, auf diese verwundbare Stelle haben die Jäger gezielt, die Pferde knicken ein, wälzen sich, Pferde sterben, über 20 von ihnen fallen diesem Überraschungsangriff zum Opfer, so Thieme.

Kein Märchen aus 300 001 Jahren. Hartmut Thieme hat bereits 20 Pferdeschädel aus der Schicht herausgelöst, die einmal das Seeufer war. In dieser Tiefe wurden auch die Holzstöcke entdeckt, die ihn hierhergebracht haben. Inmitten vieler Tierknochen wird er weitere Speere entdecken, insgesamt acht werden es bis Ende 1998 sein. Sieben der frühen Wurfgeschosse sind aus Fichtenstämmchen gearbeitet, eines ist aus Kiefernholz, und sie sind zwischen 1,80 und 2,50 Meter lang. Warum die steinzeitlichen Jäger hier ihre Präzisionswaffen „vergaßen", ist eine der Ungereimtheiten, die den Archäologen umtreiben. Eine andere ist die negative Reaktion der Kollegen aus den USA.

„Simple Holzstecken, nichts mehr!", lässt sich aus New York der Anthropologe John Shea vernehmen. Der *Homo heidelbergensis* sei als Noch-nicht-Mensch gar nicht in der Lage gewesen, richtige Speere herzustellen. Man könne doch beim besten Willen diese Äste nicht als effektive Waffen bezeichnen.

Er mag den besten Willen haben, recht hat er nicht. Ihn widerlegt Hermann Rieder, ehemaliger Direktor des Instituts für Sport und Sportwissenschaft der Universität Heidelberg. Rieder war in den fünfziger Jahren selbst deutscher Meister im Speerwerfen, später trainierte er dann Klaus Wolfermann, den Olympiasieger von 1972. „Wurf- wie Flugeigenschaften der Speere sind phänomenal", sagt Hermann Rieder. „Wer solche Speere herstellen konnte, musste einen großen technischen Erfahrungsschatz besitzen."

Das können – oder wollen – die amerikanischen Archäologen nicht so sehen. Für sie fängt alle Technik mit dem *Homo sapiens* an; erst im Kopf des modernen Menschen hätte ein technisches Verständnis aufkeimen können. Speere, die 300 000 Jahre alt sind, können nur einfache Stecken sein. Dass sie so wunderbar durch die Luft segeln, müsse ein Zufall, eine Laune der Natur sein. Nicht das Werk eines *Homo heidelbergensis*, der ihrer Ansicht nach noch kein Mensch war.

Die Jäger von Schöningen waren zutiefst menschlich. Hartmut Thieme ist sich sicher, dass sie – wie es Menschen auch heute täten – ihren Jagderfolg gebührend feierten. Mit einem rauschenden Grillfest. Für ihn sind „von der Glut rot gefärbte, etwa ein Meter große Stellen" erste Barbecue-Plätze, wo die besten Stücke der Beute gebraten und geröstet wurden.[7] Sogar den Bratspieß will er gefunden haben, einen angekohlten Holzstab, etwa 70 Zentimeter lang. Spieß wie Speere müssten nach 300 000 Jahren eigentlich längst gänzlich Kohle sein, wären die Sedimentierungsprozesse hier bei Schöningen so abgelaufen, wie es normalerweise der Fall ist. Nur der Beschaffenheit des Seeufers ist es wahrscheinlich zu verdanken, dass dieses Holz als Holz überdauerte. Gut eingebettet in konservierende Sandschichten, wurden Speere wie Tierknochen so vor der Karbonisierung gerettet.

Da nur Stein besteht, Holz aber vergeht, ist kaum hölzernes Gerät aus der Frühzeit der Werkzeuge erhalten geblieben. Der glückliche Finder der Speere ist aber überzeugt, dass Holz mehr noch als Stein der Werkstoff der Steinzeit war. Der Mensch von damals musste ja nur in die Wälder gehen, um die besten Materialien für seine Werkzeuge zu finden. Dort wuchs das Holz für die Griffe der Steinäxte, Sicheln und Messer. Sicher wurden auch allerlei Gefäße daraus geschnitzt. „Die Steinzeit müsste eigentlich Holzzeit heißen", meint Hartmut Thieme.

Oder Knochenzeit. Ein weiterer und ein wichtiger Werkstoff, um Werkzeuge herzustellen, waren Tierknochen. Besonders beliebt scheint das Elfenbein der Mammutstoßzähne gewesen zu sein, es erforderte aber eine besondere Meisterschaft, dieses Material zu verarbeiten. Dietrich Mania verfügt über ein ganzes Sortiment an Geräten aus Tierknochen. Der Professor aus Jena hat bereits zu DDR-Zeiten bei Bilzingsleben einen Lagerplatz ausgegraben, der schon vor über 300 000 Jahren bestand. Vor allem die Müllhalde der Steinzeitler erwies sich als Schatzkästlein, Mania fand da Dolche aus Rippen, Ahlen aus Schlüsselbein, Meißel aus Geweihen und einen Faustkeil, gefertigt aus dem Beckenknochen eines Elefanten.

Aus dem Gehäuse der Meeresschnecke schnitzten Menschen auf Timor bereits vor 42 000 Jahren feine Angelhaken. Die Fische, die sie mit diesem Equipment fingen, lassen darauf schließen, dass sie bereits auf die Hochsee hinausfuhren, um im großen Stil zu fischen.

Aus feinen Knochen wurde letztlich auch die Wunderwaffe im Kampf um den Fortschritt gefertigt: die Nähnadel. Erst ganz am Ende der Steinzeit entdeckt der Mensch auch die Metalle.

Die Menschen aber ließen sich zu keiner Vorzeit allein vom Praktikablen leiten. Früh wird auf der Schwäbischen Alb die Kunst in Angriff genommen. In den Höhlen Geißenklösterle, Hohle Fels bei Schelklingen und Vogelherd im Lonetal wurde Kleinkunst vom Feinsten gefunden – und „Gebrauchskunst" auf Griffen von Messern, Dolchen und Schabern. Bereits vor nahezu 40 000 Jahren werden Szenen mit Tieren und Menschen in Knochen eingeschnitzt und in Stein eingraviert. Das Werkzeug wird zum Kunstwerk, einfache Grabestöcke zu Bildstöcken. Kunst fängt klein, fängt beim Faustkeil an. Und ist bereits da große Kunst.

IRRTUM 10:

STEINZEITLICHE KUNST WAR EIN ZUFALLS-PRODUKT

Er hat es eilig am Abend des 25. August 1939, wo doch Eile in einem Fach, das Jahrtausende abtastet, nie gut tut. Eigentlich ist längst Feierabend, da ihm aber gerade der Einberufungsbefehl zugestellt wurde, muss Otto Völzing dringend noch aufräumen im Stadel, wie man im Schwäbischen zu Scheune sagt, nur dass diese Scheune eine Höhle ist. Eines der Löcher in der mächtigen Felsformation im Lonetal, die zu Recht Hohlenstein heißt. In der Hast der Aufräumarbeit wird er, ohne es zu bemerken, eines der größten Kunstwerke der Steinzeit bergen, nur um es gleich wieder in der Versenkung verschwinden zu lassen.

Gäbe es ein Ranking für Pechvögel in der Archäologie, würde Otto Völzing einen der vorderen Plätze belegen, obschon er ein erfolgreicher Ausgräber ist. Auf der Schwäbischen Alb macht er das, was ihm schon als Kind großen Spaß bereitet hat: Zeugnisse der Steinzeit ausbuddeln wie daheim im Odenwald. Sein Vater teilte seine Begeisterung, da er aber meinte – was sich bald als falsch herausstellen sollte –, Steinzeit habe so gar keine Zukunft, drängte er ihn zu einem „solideren“ Studium. 1929 wählte Otto Völzing deshalb Mathematik, Geologie und Geographie, alles Fächer, mit denen man von 1933 an keine wissenschaftlichen Lorbeeren ernten konnte. Die Nazis waren angetan von der Vergangenheit, und sie, die Geschichte schreiben wollten, schrieben als Erstes die Vor- und Frühgeschichte um. Um diese Klitterung gezielt voranzutreiben, errichteten sie diesbezüglich nun eine Reihe von Lehrstühlen an den Universitäten, auf die sie dann treue Parteimitglieder hievten. In Deutschland wird nun auf „Germane komm raus“ gegraben, um zu belegen, was schon vorab in alle Schulbücher aufgenommen wurde: dass deutscher Boden immer deutsch, der Ur-Deutsche ein Germane und das Ur-Reich ganz wie das Dritte Reich war. Nur das Geld stimmt und versetzt jetzt die Ausgräber in Goldgräberstimmung.

Die Machtübernahme auch in der Wissenschaft katapultiert Otto Völzing zur Archäologie zurück. In Tübingen, wo er die letzten Semester Geologie studiert, sind die Altertumswissenschaftler die Einzigen, die sich der Diktatur in der Lehre entgegenstellen. Das dortige Institut für Ur- und Frühgeschichte wurde bereits 1921 gegründet, ist also keine Einrichtung der Nazis, da aber der Ordinarius nicht so will, wie die neuen Machthaber wollen, wird er kurzerhand vor die Tür gesetzt. Neuer Chef wird der des Geologisch-Paläontologischen Instituts, nicht zuletzt, weil er der SS angehört. Dieser Robert Wetzel ist der Professor von Otto Völzing und kommandiert seinen Studenten, gleich nachdem er sein Studium beendet hat, 1935 zur Ausgrabung auf die Schwäbische Alb ab.

Ein Geologe, der Ahnung hat, da er ja schon als junger Mann in Hessen archäologisch gearbeitet hat. Und er hat so eine Ahnung – wie so oft im grabenden Gewerbe –, wo der Spaten anzusetzen ist. Also trifft Otto Völzing in der Stadel-Höhle auch gleich ins Schwarze: Unter einer steinzeitlichen Feuerstelle findet er die Knochen von mindestens 38 Menschen. Doch sind es dann die Überreste eines Menschen aus Elfenbein, die den Ausgräber zur (traurigen) Berühmtheit machen.

Und jetzt dieses archäologische Himmelfahrtskommando am 25. August 1939, kurz bevor er in den Krieg zu ziehen hat! Da Otto Völzing nicht absehen kann, wann und ob er überhaupt zu seiner Ausgrabung in die Stadel-Höhle zurückkehren wird, will er jetzt noch retten, was zu retten ist. Es dämmert, als er im Lieferwagen die Alb hinauftuckert. Warm ist es an diesem Sommerabend, in die linde Luft mischt sich der Duft der letzten Heumahd. Über dem Lonetal ist schon der Mond aufgegangen, der in vier Tagen voll sein wird, flankiert von einem blutroten Mars, der den Bauern auf der Alb zuverlässiger als jede Gazette ankündigt, dass bald der Krieg beginnt. Otto Völzing hat keine Zeit für Himmels- und Zukunftsbetrachtungen. Ihn reibt ein Zwiespalt auf: Da ist einmal seine Wissenschaft, die Sorgfalt gebietet, und auf der anderen Seite sein Gefühl, das ihn zur Eile antreibt. Er hat doch nur noch diese einzige Nacht, um all das, was er die nächsten Jahre ausgegraben hätte, zu sichern und einzupacken. Planquadrat nach Planquadrat geht er an; er hackt, er scharrt, er rafft und kratzt schließlich die losen Steine zusammen, sortiert das Geröll mit dem Rechen, siebt die Erde, schaufelt Schichten in Kisten.

Ein Ausgräber in der Nacht in einer Höhle hat etwas von einem Elefanten im Porzellanladen. Ob erst bei dieser Rettungsaktion das Jahrtausendkunstwerk zu Bruch ging, ob es Otto Völzing selber war, der die Skulptur nichtsahnend in kleinste Stückchen schlug, wird sich nie klären lassen. Sicher ist, dass ihm letztlich deren Erhaltung zu verdanken ist. Was einmal eine Statuette aus Elfenbein war, sammelt er in 200 Teilchen ein und verwahrt sie in Zigarrenkisten, die er noch beschriftet. Eher bekrakelt, denn das Gehetztsein macht seine Schrift schwer leserlich. Erschöpft liefert Otto Völzing den kostbaren Schutt aus der Stadel-Höhle am nächsten Morgen im nahen Ulm ab und zieht dann weiter in den Krieg.

Otto Völzing überlebt das Schlachten, geht nach dem Krieg als Lehrer nach Saarbrücken und kehrt nie wieder auf die Alb zurück. Die Kisten, die er in jener Nacht in der Stadel-Höhle füllte, stehen in einer Ecke im Magazin des Ulmer Museums – und stehen da und stehen da ganze 30 Jahre.

Inventur ist eine Last. Inventur in einem Museum ist lästiger. Inventur im steinzeitlichen Magazin eines Museums gemahnt an Sisyphos, nur dass da die Steine sehr viel kleiner sind, was aber die Arbeit größer macht. Es ist kurz vor Weihnachten und nicht nur draußen kalt, als der Archäologe Joachim Hahn im Ulmer Museum in den Keller geschickt wird, um sich in die Bestände zu vergraben. Er ist 27 Jahre alt, hat gerade sein Studium der Ur- und Frühgeschichte abgeschlossen und träumt wie jeder seines Faches von großen Entdeckungen. Seine größte wird er in diesem Ulmer Untergeschoss machen. Es ist eine Zigarrenkiste mit der Aufschrift „Ho-St. 25.8.39, 20 m, 6. Hieb", die sich als Schatzkiste entpuppt. Sie enthält neben Knöchelchen und Resten von Geweih auch Fragmente aus Elfenbein; er nimmt einen der Splitter, dem das Alter eine satte Sepia-Tönung verliehen hat, in die Hand und vermeint Schnitzspuren daran zu erkennen. „Mal schauen, ob die zusammengehören", denkt der leidenschaftliche Puzzler und besorgt sich eine Tube Klebstoff. Er beginnt zu kleben, vergisst die Kälte, vergisst Weihnachten – das Geschenk hat er ja schon –, vergisst den Jahreswechsel 1969/70, vergisst alles um sich herum, bis ihm schließlich eine seltsame Figur, genau 30 Zentimeter hoch, entgegentänzelt.

Ist es ein Mensch? Ein Tier? Da 30 Prozent des Korpus fehlen, kann Joachim Hahn anfangs und auch später nicht genau bestimmen, wen oder was dieses Wesen darstellen soll. Jedenfalls kommt es aufrecht auf zwei Beinen daher, geht wie auf Zehenspitzen, wobei die Füße eher Hufe sind. Die Haltung der ganzen Figur wirkt seltsam gestelzt; dies Paradieren, so ein Stolzieren kommt Joachim Hahn bekannt vor – genau, es war im Theater. Weil in Schwaben Schiller sein muss, hat er sich *Don Carlos* angesehen; und in diesem Stück, im Ulmer Theater sehr barock inszeniert, stöckelten die Höflinge in Wams und Wadenhosen auf Schuhen mit hohem Absatz ebenso daher. Winkelten dann bei Ehrerbietungen das Bein genauso leicht an wie die Figur aus Elfenbein.

Der Tiermensch auf Kothurnen entstammt nicht dem Barock, er kommt aus einer viel, viel früheren Zeit. Die Datierung ergibt, dass er vor etwa 37 000 Jahren geschnitzt wurde, damit ist die Statuette aus der Stadel-Höhle eines der ältesten Kunstwerke überhaupt, entstanden zu einer Zeit in der Altsteinzeit, als *Homo sapiens* gerade erst beginnt, sich in Europa bemerkbar zu machen, hie und da erste Zeichen setzt.

Beginnt die Kunst gleich mit einem Meisterwerk? Ist der moderne Mensch mit dem Frühwerk sofort auf der Höhe der Kunst? Ein Knaller wäre das, deshalb wird inflationär der Begriff „Urknall“ bemüht, um das große Staunen über derart frühe Perfektion in Worte zu fassen.

Noch fehlt dem Tiermenschen eine Hälfte des Hauptes, da gerade diese Teile der Statuette (noch) nicht vorliegen. Mit Sicherheit ist es der Kopf eines Tieres; ob es der eines Höhlenlöwen oder eines Höhlenbären ist, kann Joachim Hahn nicht ausmachen. So oder so ist der Fund aufsehenerregend und schafft es im März 1970 in die Schlagzeilen: „Der Ulmer Tiermensch – Aprilscherz oder Sensation?“, titelt die Wochenzeitung DIE ZEIT. Joachim Hahn wird den tierischen Menschen, das menschliche Tier, an dem er so lange geklebt hat, an dem er hängt, Mugwump nennen, was auf Indianisch so viel wie „Großer Häuptling“ heißt.

Mugwump ist im Ländle bekannt, er hat sogar so etwas wie einen Fanclub, und immer wieder pilgern Verehrer zum Stadel, wo er gefunden wurde, stöbern in der Höhle von 1974 bis 1976 weitere Teilchen aus Elfenbein auf. Noch mehr Fragmente der Statuette werden entdeckt, als in Tübingen das Büro von Robert Wetzel entrümpelt wird, der bereits 1962 gestorben ist. Jetzt kann also aufs Neue gepuzzelt werden. Diesmal ist es die Basler Paläontologin Elisabeth Schmid, die sich von 1982 an den Tiermenschen vornimmt. Die Splitter, die neu dazugekommen sind, gehören zur Nasen- und Mundpartie und geben der Figur endlich ein Gesicht: Der Tiermensch ist ein Löwenmensch.

„Eine Löwenfrau!“, korrigiert Elisabeth Schmid. Sie sieht in dem schurzähnlichen Anhängsel ein weibliches Schamdreieck, was ihre männlichen Kollegen naturgemäß ganz anders sehen. Joachim Hahn ist sich sicher, dass das „Ding“, das er der Figur zwischen die Beine geklebt hat, ein Penis ist. Und Kurt Wehrberger, der jetzige Direktor des Ulmer Museums, barmt, dass der Löwenmensch „zu einer Ikone der Frauenbewegung“ geworden ist, was er denn gern korrigiert sähe.

Glied, ja oder nein? Als wolle er diesen Geschlechtskampf beenden, wird 2011 von Claus-Joachim Kind von der Universität Tübingen eine weitere Suche nach den noch fehlenden Teilen des Löwenmenschen initiiert. All der Abraum, den Völzings Vorgräber aus der Stadel-Höhle geschafft hatten, all die Erde, die er selbst während seiner Kampagnen zur Seite geschaufelt, in der letzten Rettungsaktion zur Seite gefegt hatte, werden noch einmal akribisch untersucht, wieder und wieder durchgesiebt, und tatsächlich finden sich letztlich weitere 1000 Teile aus Elfenbein, viele nur Millimeter groß. Das große Puzzeln geht in die nächste Runde, bald hat der Löwenmensch vielleicht auch wieder seinen rechten Arm – und ein deutlicheres Geschlecht.

Der Löwenmensch – ein Zufallsprodukt? Eher Wunderwerk denn Kunstwerk? Ein Steinzeitler, der aus Langeweile am Stoßzahn eines Mammuts herumschnitzt und dem dann ganz zufällig der Löwenmensch gelingt? Gegen diese Vorstellung spricht viel, an erster Stelle schon das Material. Das Elfenbein eines Mammuts konnte nur, wenn es frisch war – das heißt kurz nach dem Tod des Dickhäuters –, bearbeitet werden, denn es wurde sehr schnell brüchig. Oder der Stoßzahn musste in feuchter Erde frisch gehalten werden; diese sorgfältige Lagerung impliziert schon ein Vorhaben. Ein Archäo-Experiment erbrachte dieser Tage, dass der Schöpfer des Löwenmenschen mindestens 320 Stunden brauchte, um die Figur zu schnitzen. Danach glättete er sein Werk ausgiebig mit Sand und polierte es mit Spucke. Über einen Monat Arbeit, so er den ganzen Tag nonstop schnitzte, ist viel zu lang für einen Zufall.

Sollte der Löwenmensch eine Zufallsschöpfung sein, häufen sich auf der Schwäbischen Alb geradezu diese Zufälle. Wo man heute „jetzatle“ sagt, die Älbler mit der Jetztzeit aber nichts am Hute haben, scheinen die Urzellen künstlerischen Schaffens in Europa gewesen zu sein. Ist von den Höhlen Vogelherd und Hohlenstein im Lonetal, dem 35 Kilometer entfernten Hohle Fels und dem Geißenklösterle bei Blaubeuren die Kunst überhaupt erst ausgegangen? Bildeten da, wo Bauern den Künstlern eher mit Argwohn begegnen, Steinzeitler die allererste Künstlerkolonie? Bei früheren Ausgrabungen in den Höhlen kamen bereits 18 kleine Plastiken zum Vorschein; 2007 wurde im Vogelherd die Statuette eines Mammuts entdeckt, 3,7 Zentimeter lang und vollständig erhalten. Weitere dieser Meisterminiaturen sind eine Pferdeskulptur aus derselben Höhle und ein Wasservogel aus dem

Hohle Fels. Hier vom Erwachen der Kunst zu sprechen, hieße den Stand des Schaffens unterzubewerten: Diese Kunst ist sofort hellwach. Plötzlich ist sie da, erste Künstler erschaffen Werke, wie sie schöner nicht sein könnten. Doch vielleicht kam diese Perfektion gar nicht über Nacht, vielleicht haben auch die Steinzeitler geübt, ihre Versuche aber, die nicht gelungen waren, verworfen, weggeworfen. Wer schnitzt, nimmt sich sicher auch das Material vor, das am einfachsten zu bearbeiten ist: Holz. Da aber dieser Werkstoff wenig haltbar ist, hat diese Schnitzerei – so es sie gab – die Jahrtausende nicht überdauert.

Wahrscheinlich zeigen diese Funde ohnehin nur einen winzigen Ausschnitt aus dem Kunstschaffen der Steinzeitler. Wie würde wohl in 30 000 Jahren die Nachwelt über die heutige Kunst urteilen, wenn, da Bilder vergehen, vielleicht nur die abstrakten Großplastiken Henry Moores übrig blieben! Oder die Nanas, die Riesenfrauen mit den üppigen Formen von Niki de Saint Phalle?

Schon zu Steinzeiten waren Frauen ein Lieblingsmotiv, schön rund wurden sie damals bereits abgebildet – Venus-Figuren nennen die Wissenschaftler diese Voll(schlanken)-Plastiken aus den Anfangsjahrtausenden der Kunst (siehe dazu Kapitel 20). Diese Dickerchen kamen nicht von ungefähr. So die Entdeckerin recht hat und nicht ihre (ausschließlich) männlichen Kritiker, ist Naama Goren-Inbar von der Universität Jerusalem im Sommer 1981 auf den ersten aller Kurvenstars gestoßen, stolze 250 000 Jahre alt (oder gar 280 000 Jahre, wie eine andere Datierung besagt). Im Berekhat Ram, einem Vulkankrater auf den Golan-Höhen, der heute ein See ist, fand die Israelin ein Figürchen aus rotem Tuff, ganze 3,5 Zentimeter klein und ohne große Einbildungskraft als Frauenfigur mit großem Kopf und noch größerer Oberweite zu erkennen. Deutliche Ritzspuren konnten unter dem Elektronenmikroskop nachgewiesen werden, die von den Forschern als anthropogen, als vom Menschen gemacht, eingestuft werden. Somit wäre die Venus von Berekhat Ram das bis dato älteste Beispiel menschlicher Kunst, ihr Schöpfer muss ein *Homo erectus* gewesen sein.

Gedankengebäude erweisen sich als Bauten, die am schwersten zum Einsturz gebracht werden können. Da von einem Großteil der Wissenschaftler der *Homo sapiens* als Erfinder der Kunst betrachtet wird, passt ein schöpferisch tätiger *Homo erectus* so gar nicht in deren Konzept. Es fand sich denn gleich eine Reihe von Gelehrten, die, ohne die Figur je gesehen zu haben, diese als Schöpfung der Natur, als rein geologisches Phänomen abtaten. Daraufhin untersuchte ein anerkannter Experte für Paläokunst, Alexander Marshack von der Harvard-Universität, die Figur noch einmal unter dem Elektronenmikroskop und machte es mit seinem Ergebnis eigentlich beiden Seiten recht: Eine von der Natur vorgegebene Form sei von Menschen weiter bearbeitet worden. Aber auch dieses Ergebnis wollen die Kritiker nicht akzeptieren.

Noch ein mögliches frühes Kunst- als Streitobjekt: 1999 entdeckte der Marburger Prähistoriker Lutz Fiedler im Wüstensand Marokkos eine ähnliche Figur, sechs Zentimeter hoch, aus Quarzit, die auch eine Frauensilhouette und viel von der bekanntesten aller Venus-Figuren hat, jener von Willendorf. Die Venus von Tan Tan ist aber mindestens zehnmal älter als ihre schwerbusige Schwester aus Österreich, deren Alter etwa 27 000 Jahre beträgt. Auch wurde die afrikanische Venus bemalt, Spuren von rötlichem Ocker fanden sich auf ihrem Körper. Die Farbe ist für den amerikanischen Anthropologen Ben Orlove der endgültige Beweis, dass es sich um ein Kunstwerk handelt, um das „älteste Kunstwerk der Welt“. Und wieder wird heftig widersprochen. Es handle sich um einen von der Natur, nicht vom Menschen geformten Stein, der irgendwie – wenigstens das konzediert man – mit Ocker in Berührung gekommen sei.

Menschen haben wohl schon früh mit Farben gespielt, wahrscheinlich mit Ocker schon ihre Körper bemalt. Die eigene Haut könnte die erste Leinwand gewesen sein (siehe auch Kapitel 6).

Und dann kommt der Tag, an dem die Vertreter der These, dass der *Homo sapiens* in Europa zum Künstler wurde, eine Niederlage einstecken müssen. Keine herbe, eine halbe. Paradigmenwechsel nennt es ungeniert Christopher Henshilwood, der den Stein ins Rollen brachte. Der Archäologe entdeckte im Herbst 2004 in der südafrikanischen Blombos-Höhle Schneckenhäuser, 41 an der Zahl, alle groß wie ein Maiskorn, die alle an genau derselben Stelle ein kleines Loch hatten. An den Rändern der Löcher waren winzige Einkerbungen zu erkennen, die von einem Band herrühren könnten. So sie tatsächlich aufgefädelt wurden, geschah dies vor etwa 75 000 Jahren, wie die Datierung belegt. Schmuck dieser Art kannte man bisher nur von europäischen Fundplätzen – und da war er höchstens 40 000 Jahre alt. Und wie immer bei solch ansprechenden Objekten, die nicht made in Europa sind, meldet sich die Riege der Berufszweifler lautstark zu Wort. Randall White von der New York University behauptet allen Ernstes, 41 Löcher jeweils an exakt derselben Stelle seien nichts anderes als „natürlich entstandene Beschädigungen". Als wolle ihm der gute Geist der Archäologen zu Hilfe kommen, findet Christopher Henshilwood dazu noch Ockerplatten mit Gravuren deutlich menschlichen Ursprungs, sicher 77 000 Jahre alt (siehe Weiteres dazu Kapitel 13).

Kunst wurde von Afrika aus auf den Weg gebracht. Was die *Homo sapiens*-Schleppenträger beruhigen kann: Es waren frühe Vertreter des modernen Menschen, die sich in der Blombos-Höhle künstlerisch betätigten. Kunst ist nicht zufällig und nicht in Europa entstanden; Kunst ist sicher nicht entstanden, „weil der *Homo sapiens* in die Fratze des Neandertalers geblickt hat" und allein mit künstlerischem Schaffen dies Schreckerlebnis verarbeiten konnte, wie der portugiesische Paläoanthropologe João Zilhão mutmaßt. Nur zur Erinnerung: Das Gesicht des Löwenmenschen ist das einer Raubkatze.

Freischaffend waren die Künstler der Steinzeit keineswegs. Die früheste Kunst hatte bereits Stilrichtungen, für die Formen gab es Normen, wie Christian Züchner vom Institut für Ur- und Frühgeschichte an der Universität Erlangen erklärt. Der Experte für altsteinzeitliche Felsbilder ist sich sicher, dass es einst paneuropäische Kodizes dafür gab, wie ein Tier in den Felsbildern auszusehen hatte und in welcher Farbe es gemalt werden musste. „Ich glaube nicht an den übergroßen Zufall, dass unabhängig voneinander ein malender Schamane in Asturien beim Halluzinieren dasselbe Wisent gesehen hat und es in genau derselben Körperhaltung und derselben Farbe auf eine Wand gemalt hat wie zur gleichen Zeit seine Kollegen in der Dordogne und in Burgund.“

Die Höhlenbilder sind wie mit Schablonen gezeichnet, auch wenn die frühen Maler diese nur im Kopf hatten. Der Auerochse aus der Lascaux-Höhle ist dem der Grotte Chauvet wie aus dem Gesicht geschnitten, obwohl 20 000 Jahre sie trennen. Steinzeitgenössisch bedeutet schlicht eine Ewigkeit.

IRRTUM 11:

HÖHLENMALEREI DIENTE DEM JAGDZAUBER

Ein Zittern durchläuft die drei. Kommt es von der Anspannung oder geht es vom Fels aus, über den eine Herde Pferde stampft, Wisente trampeln und Nashörner sich Zweikämpfe liefern? Im Licht ihrer Grubenlampen scheint alles in Bewegung zu sein, Auerochsen drängen vorwärts, Böcke überstürzen sich, Rotwild zieht die Wände entlang, selbst den Raubkatzen wurden Beine gemacht, doppelte, dreifache, die Löwen federn förmlich über die Steine. Etwas wie Furcht „springt" die drei Menschen plötzlich an, die schon allein ihres Hobbys wegen ziemlich furchtlos sind. Nein, eher Ehrfurcht überkommt sie unter der Bilderkuppel, ein Gefühl, das neu für sie ist. Lange bringen sie keinen Ton hervor, dann flüstern Éliette Brunel Deschamps, Christian Hillaire und Jean-Marie Chauvet ihr Staunen heraus: Eine Zeitkapsel ist es, in die sie eingedrungen sind, eine Steinzeitkapsel.

Heute bei Tagesanbruch, als die ersten Sonnenstrahlen an diesem 18. Dezember 1994 den Raureif auf den Weinfeldern glitzern ließen, haben sie sich warm gewitzelt, haben wie jeden Sonntag ihr Mantra wiederholt, dass jetzt gerade der größte Tag in ihrem Leben anbricht. Dann sind sie rasch zur Ardèche abgestiegen, da die Felswände in diesem Flusstal für ihren Sonntagspaziergang die besten sind. Das, was die drei Spaziergang nennen, ist immer eine Klettertour, die, so sie großes Glück haben, zur Gewalttour wird. Die drei Franzosen sind Höhlensucher, Abenteurer und keine Wissenschaftler, was in der Archäologie ja oft in Personalunion anzutreffen ist. Während der Woche gehen die drei weniger aufregenden Berufen nach. Jean-Marie Chauvet z. B., nach dem die Höhle später benannt werden wird, ist derzeit Hausmeister, hat aber auch schon als Steinmetz und Verkäufer gearbeitet. Er lebt wie seine Freunde auf den Sonntag hin, weil nur die Sonntage die Möglichkeit bergen, dass etwas Außergewöhnliches geschieht. Ziel ihrer Ausflüge ist meist das Ardèche-Tal; die Karstformationen in der Fluss-Schlucht, über die der Fels natürliche Brücken spannt, sind ein Lieblingsrevier für ihre Suchaktionen. Da die Landschaft hier von wildwild bis wildromantisch sämtliche ihrer Erscheinungsformen durchspielt, empfindet der deutsche Filmemacher Werner Herzog diese Szenerie als hoch dramatisch: „Das Ardèche-Tal könnte direkt aus einer Wagner-Oper entsprungen sein." Wo die Natur ein so großes Schauspiel aufführt, hält die Vergangenheit ein weit größeres bereit, was die drei Höhlensucher an diesem Morgen noch nicht kennen, bald aber als Premierenpublikum erleben.

Ein leiser Hauch hat die drei an diesem besonderen Sonntag tief in den Bauch der Erde geführt. „Höhlen atmen", erklärt Éliette Brunel Deschamps ihre Art der Sondierung. Und als sie dann an der Felswand oberhalb der Ardèche den Luftzug spürt, weiß sie, dass sie wieder einmal eine Höhle aufgespürt, einen Zugang zum Innern des Berges entdeckt hat. Das Tor zur Unterwelt ist winzig, nur ein Felsspalt, 25 Zentimeter hoch und 76 Zentimeter breit. Dass es sich um eine „Hintertür" handelt, wird sich später herausstellen. Ein Steinschlag verschloss vor 20 000 Jahren den Haupteingang zur Höhle hermetisch, machte deren Kunstschätze unzugänglich – bis jetzt, bis zu diesem 18. Dezember 1994. Die drei Franzosen sind die Ersten, die einen neuen Zugang finden und die Kunstwerke nach einer Ewigkeit wieder zu Gesicht bekommen.

Die Höhlensucher am Ziel. So sehr sie auch einer Entdeckung entgegenfiebern, werden sie nun, kurz vor dem Einstieg, ganz ruhig. Bedächtig justieren sie ihre Grubenlampen, befestigen das Kletterseil, zurren ihre Jacken und Hosen fest. Kein Metier für Klaustrophobiker, und auch die drei kostet es immer wieder Überwindung, ins Dunkle, ins Ungewisse hinabzutauchen. Führt der Spalt überhaupt irgendwo hin, oder endet ihre Expedition wie so oft nach wenigen Metern, weil sich die Durchlässe als viel zu schmal erweisen oder der Weg ins Innere der Erde abrupt endet? Éliette als die Kleinste und Dünnste ist die Erste, die sich durch den Spalt zwängt. Robbt weiter, sieht, dass es in einer nicht ganz so engen Röhre weitergeht, und gibt den anderen das Signal, ihr zu folgen. Bäuchlings arbeitet sie sich weiter vor bis zu einem Loch unter sich; nun kommt die Strickleiter zum Einsatz, denn es geht neun Meter senkrecht hinab, bis sie in die erste Kammer plumpsen. Zig Hände strecken sich ihnen entgegen im Reich der funkelnden Tropfsteine, ein Begrüßungsstein, ein Fels voller roter Hände. Die Abdrücke einer einzigen Person, wie sich zeigt, denn der Steinzeitler (oder die Steinzeitlerin), der sich hier auf dem Stein verewigte, hatte einen deutlich gekrümmten kleinen Finger. Und ein Gardemaß: Er ist überraschende 1,80 Meter groß.

Erster Fingerzeig der Steinzeit, und dann geht es weiter, immer tiefer hinein in eine phantastische Bilderwelt. Die Begeisterung der drei schallt von den bunten Felswänden wider, wird durch das Echo laut, obwohl sie *sotto voce* reden.

„Da! Das da, das ist doch ein Mammut!“

„Es wiehert tatsächlich, dieses wunderbare Pferd!“

„Hier, das muss ein Höhlenbär sein. Der da mit der wunderbaren Kajal-Nase! Er sieht gar nicht furchterregend aus! Schon eher majestätisch.“

Gut 400 Wandbilder birgt die Höhle, mit mehr als 470 gemalten oder gravierten Tierdarstellungen, eine schöner als die andere. Wieder einmal darf sich der Mensch der Jetztzeit wundern, er, der ja wahnwähnt, mehr zu wissen als seine Ahnen und der bis zum 18. Dezember 1994 die irrige Vorstellung hatte, alles Große auf Erden sei längst entdeckt worden. Und er hat sich doppelt und dreifach zu wundern, denn die Höhle im Ardèche-Tal ist eine der Superlative. Sie ist wohl mit Abstand die älteste aller steinzeitlichen Gemälde-Galerien,

35 000 Jahre alt ist die Holzkohle von den Fackeln der Maler oder Betrachter, die unterhalb der Bilder gefunden wurde. In der berühmten Höhle von Lascaux gingen die Künstler 17 000 Jahre später ans Werk; und bis sie im spanischen Altamira zum Pinsel griffen, sollten noch weitere 2000 Jahre vergehen. Und damit nicht genug – die Überraschungen reißen nicht ab: So wurden 2012 auf einem Gesteinsbrocken, der in der Dordogne aus einem Abri bricht, amoralische Graffiti entdeckt, deren Alter 37 000 Jahre betragen soll, was aber noch nicht als gesichert gilt.

Die Altertumswissenschaftler, die ihre Entdeckungen und mehr noch die der anderen gern kleinreden, küren die Grotte Chauvet unisono zur schönsten aller Bilderhöhlen. Und sie, die das Wort „Sensation" nicht in ihrem terminologischen Sprachschatz haben, sprechen es jetzt wieder und wieder aus, ohne dabei den Mund zu verziehen. „Ein Siebener im Lotto!", macht Frankreichs führender Prähistoriker Jean Clottes mehr Worte, als er wieder Worte hat. Die Zeichnungen seien so perfekt, sie könnten nur von einem Leonardo da Vinci der Steinzeit stammen.

Und was haben die Entdecker gedacht?

„Kirche!", schoss es Éliette Brunel Deschamps durch den Kopf.

„Kathedrale", assoziierte Christian Hillaire.

„Kino! Großes Kino!", kam Jean-Marie Chauvet in den Sinn.

An eine heilige Fleischerei dachte keiner, bis auf gewisse Paläontologen, die in berufsimmanentem Reflex die Malereien erst als neuzeitliche Schmierereien abtaten, bis sie vor der Dicke des Kalzits, der die Malereien überzog, kapitulieren mussten. Dann ist der Jubel groß, die Erklärungsmuster wie so oft kleingeistig. Da Phantasie in ihrem Fach verpönt ist, dechiffrieren sie die Zeichen und Zeichnungen der Steinzeit rein pragmatisch. Eine ihrer Theorien lautete: Jäger, die Tiere auf Felsen festhalten, tun dies, um diese zu bannen, um leichter mit Hilfe irgendwelcher Mächte an den Braten zu kommen. Die These vom Jagdzauber entzaubern jetzt nüchterne Zahlen, die Wissenschaftler ja so schätzen: 60 Prozent des Getiers, das die Felswände ziert, standen nicht auf dem Speiseplan der Steinzeitler, wie Knochenfunde an den alten Lagerplätzen belegen. Sie jagten also die Tiere nicht, die sie malten.

Dann klärte der Paläo-Tausendsassa André Leroi-Gourhan die Fachwelt und die übrige auf, dass die Tiere auf der Höhlenwand gar keine Tiere seien, sondern allein Sinnbilder für das weibliche und männliche Geschlecht. Da die Steinzeitler aber ungeniert Schamteile zeichneten, stellt sich doch die Frage, warum sie Geschlechtliches mit Tieren verbrämen sollten. Eine Frage, die sich wohl der Paläontologe, Paläoanthropologe und Archäologe nicht stellte.

Jede Theorie ist ein Spiegel der Zeit, in der sie entsteht. Zu der Zeit, als Leroi-Gourhan an den Höhlenwänden nur Vulven und Phallen sah, brach sich in Europa gerade die sexuelle Revolution Bahn. Und gegenwärtig, wo Esoterik en vogue ist, erklärt man zu Schöpfern der Bilder berauschte Schamanen, die in wilder Trance wilde Tiere gemalt haben sollen. Der berühmte Höhlenforscher Jean Clottes und sein südafrikanischer Kollege David Lewis-Williams haben diese Theorie in die (Fach-)Welt gesetzt, greifen aber bei der Beweisführung zu psychologischen Erklärungsmustern, die selbst Psychologen nicht nachvollziehen können. Nicht nur Schamanen durchlaufen, so behaupten sie, in der Trance immer drei Phasen: In der ersten malt man Punkte und geometrische Muster, in der zweiten eher schlangenartige Strukturen, dann, in der dritten und tiefsten Phase der Trance, halluziniert man Tiere. Fliegende Tiere. Und in ebendiesen Wesen, die auf keiner Höhlenwand den Boden berühren, sehen Clottes und sein Koautor den schlagenden Beweis für ihre These – eine These ohne Fundament, wenn es nach Christian Züchner geht, auch wenn er es aus Hochachtung vor dem Doyen der Höhlenforscher nie so krass formulieren würde. Für den Ur- und Frühgeschichtler der Universität Erlangen, der ein Experte für Felsbildkunst ist, gehört allein schon das Begriffspaar „Schamane" und „Trance" nicht zusammen. Seine Gewährsmänner sind Schamanen in Sibirien, die in erster Linie Heiler und Ratgeber seien, die Trance vielleicht mal als Mittel nutzen, meist aber ohne Trance arbeiten. In einer Höhle Bilder zu malen wäre so schwierig wie langwierig. Schon das Anmischen der Farben ist kompliziert, dann müsse ein Gerüst errichtet werden, um die Höhlendecken zu erreichen – das alles tue man schwerlich in Trance. Betrachtet man die Güte der Zeichnungen, seien da nicht irgendwelche Heiler am Werk gewesen, sondern absolute Malprofis. Seit Jahrzehnten gäbe in seinem Fach die unselige Tradition, den Sinn der Felsbilder mit nur einem einzigen Modell deuten zu wollen, beklagt Christian Züchner. Was er in den Felsbildern sieht? „Da nur ein Bruchteil der damals lebenden Tiere abgebildet wurde, waren die Ausgewählten offenbar Träger von Bedeutungen, die wir heute nicht kennen."

Vielleicht kann uns ein Buschmann etwas dazu sagen, einer aus dem Volke der San, die heute in Südafrika immer noch als Jäger und Sammler leben. Er weiß um die Bedeutungen der Tiere, die seine Urahnen einst in Namibia auf die Felswände zeichneten. Dieser Steinzeitler der Neuzeit erkennt in der Robbe das „alte Tantchen Seekuh"; die Tiere bilden für ihn „Personen des frühen Geschlechts" ab.

So wir uns auf die Intuition verlassen, auf die Beweiskraft des ersten Gefühls bauen, hören wir doch noch einmal die Entdecker an. Hören auf sie.

Wie in einer Kirche, einer Kathedrale haben sich Éliette Brunel Deschamps und Christian Hillaire gefühlt. Jean Clottes spricht von den Schöpfern der Bilderwände instinktiv als dem „Homo spiritualis". Vielleicht sind ja diese Höhlen die Götterhäuser der Steinzeitler, nur dass ihre Heiligen Tiere waren. So wie man im Mittelalter Szenen aus der Bibel und Engel an die Kirchenwände und in die Kuppeln malte, waren es in der Steinzeit vielleicht die Gestalten aus deren Schöpfungsgeschichten.

Sollte die Sixtinische Kapelle in 30 000 Jahren noch Bestand haben, was würden die Menschen dann in den Deckengemälden sehen? Wenn die heutigen Religionen längst vergangen sind und keiner mehr um deren Riten und Inhalte weiß, wie wird man dann wohl die Menschenknäuel der christlichen Schöpfungsgeschichte interpretieren? Was vom nackten Adam halten, der einem alten bärtigen Mann – auch der ohne Bodenhaftung – halbherzig die Hand entgegenstreckt. Werden die vielen Madonnen auf Decke und Wand die Nachwelt zu der

Annahme verleiten, in den ersten 2000 Jahren der neuen Zeitrechnung hätte es ein Matriarchat gegeben?

Oder waren die steinzeitlichen Bilderhöhlen doch Kino, großes Kino, wie Jean-Marie Chauvet assoziierte? Steinzeitliche Maler nicht nur Leonardo da Vincis, sondern auch Walt Disneys? Werden in den Höhlen eher Bilder- als Schöpfungsgeschichten erzählt? Auf die Idee verfiel Marc Azéma von der französischen Universität Toulouse-Le Mirail, der Höhlen erforscht und Filme macht. Dieser Archäologe hatte sich lange gefragt, warum die Künstler in der Grotte Chauvet die Beine der Tiere oft doppelt und dreifach zeichneten. Eine defekte Taschenlampe erwies sich dann als Wunderlampe, denn ihr Flackern brachte die Herde Pferde und das Rudel Löwen zum Laufen. Nach Azémas Theorie arbeiteten die Höhlenmaler der Steinzeit wie die Zeichner der Trickfilme heutzutage. Stück für Stück, Blatt für Blatt wird das Bein verschoben, sodass im normalen Ablauf dann eine Bewegung zustande kommt. Bei den überlagernden Umrisszeichnungen in der Grotte Chauvet wird ein ähnlicher Effekt erreicht, so flackerndes Licht auf sie fällt. Wie das Licht von Fackeln. Marc Azéma kann sich vorstellen, dass auch mit Geräuschen gearbeitet wurde, um die Spannung zu verstärken. Tier-Thriller mit magischem Sound-Effekt. Büffel-Stampede wie im Western, den jagenden Pferden fehlen nur die Cowboys. In der Raubtier-Ecke beim König der Löwen, 35 000 Jahre vor unserer Zeit. Der Begrüßungsstein mit den vielen roten Händen passt ebenfalls zum frühen Kino. Filmschaffende verewigen sich auch heutzutage gern mit Handabdrücken, sei es in Hollywood oder bei den Festspielen in Cannes.

Sollte Azémas These stimmen, kommt das „Glotz-Gen" in der menschlichen DNA also nicht von ungefähr, schon die ersten Vertreter des *Homo sapiens* kultivierten es. Kein Wunder, dass auch der späte *Homo sapiens* Stunden vor dem Bildschirm verbringen kann, und rührt er sich da doch mal weg, geht er ins Kino. Dort sollte er sich unbedingt den Film von Werner Herzog anschauen. Der deutsche Filmemacher drehte eine Dokumentation über die Grotte Chauvet, der er den Titel gab: *Die Höhle der vergessenen Träume*. Steinzeitliche Höhlen als erste Traumfabriken?

Die These vom Kino in der Steinzeit ist hörsaalfähig geworden, hat jetzt sogar ein internationales Forschungsprojekt in Italien angestoßen. Archäologen aus Großbritannien, Deutschland und Österreich wollen sehen, ob und wie sich die Felsbilder von Valcamonica bewegen, die in der Jungsteinzeit vor etwa 6000 Jahren entstanden. „Diese Felszeichnungen sind keine statischen Momentaufnahmen, sondern Bilder, die Geschichten im Kopf der Betrachter entstehen ließen – ganz wie im Kino", sagt Frederick Baker vom Museum für Archäologie und Anthropologie der Universität Cambridge, die das Projekt zusammen mit der österreichischen Fachhochschule St. Pölten und der Bauhaus-Universität Weimar betreut. Frederick Baker arbeitete nach seinem Archäologiestudium mitunter als Regisseur für die BBC. Als er bei einem Forschungsaufenthalt dann die Reihung von Felszeichnungen auf einer Felswand betrachtete, tauchte vor seinem inneren Auge groß das Wort „Kino" auf, und eine Stimme aus dem Off wiederholte es so oft, bis er es begriffen hatte. „Auch ein Film besteht ja aus einzelnen Bildern, die schnell nacheinander gezeigt werden."

Die Forscher fanden weitere Anhaltspunkte für ihre Kino-These: In Valcamonica ist an manchen Stellen Bild an Bild, bis zu 50 in einer Reihe, es sind diese Stellen, wo der Lichteinfall besonders ist, wo das Licht eine große Rolle spielt. Die Sonne ist der geniale Beleuchter, setzt die Ritzzeichnungen richtig in Szene. Morgens und abends sorgen ihre Strahlen für die meiste Action.

Auch auf den Sound wurde hörbar Wert gelegt: Die Forscher fanden in Valcamonica ein Echo. „Wahrscheinlich waren genau an diesen Stellen Effekte wie ein besonderer Nachhall möglich, mit denen man spielen konnte", sagt Hannes Raffaseder, Leiter des Instituts für Medienproduktion an der Fachhochschule St. Pölten.

Um zu sehen, was die Jungsteinzeitler sahen, haben die Forscher angefangen, die Felszeichnungen zu animieren. „Wir versuchen jetzt, die zweidimensionalen Felsbilder in einer 3-D-Ansicht wieder lebendig zu machen", sagt Raffaseder.

Auch den Diven vom Latmos könnte Bewegung gut tun. Diese Zeichnungen auf den Felswänden dieses Gebirges im Südwesten der Türkei entdeckte von 1994 an die Archäologin Anneliese Peschlow (siehe auch Kapitel „Meine Steinzeit, deine Steinzeit" und Kapitel 19). Die, die sie da vor etwa 7000 Jahren malten, waren von einem anderem Jagdzauber beseelt, sind einem anderem Zauber erlegen: Ewig lockt das Weib, so es schön rund ist. Die dicken Damen, die hier die Felswände füllen, wirken, als machten sie gerade eine Tanzpause. Sie rücken noch einmal ihre ausladenden Krinolinen zurecht, zupfen an ihrer Hochfrisur, haken sich bei den Männchen unter, warten noch auf den Einsatz der Musikanten, um sich dann jupheideh weiter im Reigen zu drehen.

IRRTUM 12:

DIE STEINZEITLER KANNTEN KEINE MUSIK

Große Entdeckungen macht man mitunter in Hinterkammern. So auch in der Archäologie, wovon Maria Malina ein Lied pfeifen kann. Sie ist Grabungstechnikerin, eine Spezialistin, die immer mehr Archäologen gern an ihrer Seite wissen, da sie ihnen die Arbeit erleichtert. Grabungstechniker bereiten die Kampagnen vor, sorgen für den reibungslosen Ablauf der Grabung, dokumentieren und sichern die Funde.

Das Mädchen für alles gehört seit 1999 zum Team von Nicholas Conard, jenem Archäologen, der die südwestdeutsche Altsteinzeitforschung aus ihrem wissenschaftlichen Dornröschenschlaf holte. Den eigentlichen Weckdienst aber leisteten die Ururschwaben, die auf der Schwäbischen Alb die Kunst erfanden. Der Amerikaner verlagerte sein Forschungsfeld, seit er Professor in Tübingen ist, auf die Höhlen im Umland, und ob Vogelherd oder Hohlenstein, Geißenklösterle oder Hohle Fels – alle erweisen sich als wahre, als wunderbare Fundgruben. Das Ländle als Ursprungsland aller Kultur rückt plötzlich in den Fokus der Forscher.

Conard und sein Team sind alle Jahre gut für Erfolgsmeldungen. Maria Malina ist dabei, als 1999 im Hohle Fels ein äußerst fein gearbeitetes Pferdeköpfchen aus Mammutelfenbein, gerade mal 3,6 Zentimeter groß, gefunden wird. Sie ist dabei, als 2002 in derselben Höhle ein Wasservogel zum Vorschein kommt. Und sie ist dabei, als das „Löwenmenschle“ geborgen wird, eine 2,5 Zentimeter kleine „Kopie“ der großen Figur aus dem Stadel. Sie wird dabei sein, als 2008 den vielen Sensationen die größte hinzugefügt wird: der Fund der bis dato ältesten aller Venus-Figuren – der Schönen vom Hohle Fels.

Geländekampagnen sind eine intensive Zeit, die Archäologen arbeiten zusammen, leben zusammen, teilen Enttäuschungen sowie die Freude über Entdeckungen – das Team wächst zu einer Familie zusammen. Bei Grabungen stehen alle dauernd unter Hochspannung; 24 Stunden am Tag arbeitet zumindest der Kopf, denn am Abend wird weiter diskutiert, nächtelang phantasiert man sich zurück in die Steinzeit.

Jetzt, im September 2004, ist die Forschung im Felde vorbei, Maria Malina ist wieder im Institut in Tübingen, läuft in ihrem Büro auf und ab. Wie zurückkommen aus der Steinzeit, wie runterkommen von der Grabe-Spannung, wie die Adrenalinschübe zurückfahren, wie wieder als Universitätskraft funktionieren? Das wird sie sich wohl angesichts des schnöden Schreibtischs fragen. Um sich abzulenken vom Grabungsentzug, geht sie entschlossen in die Hinterkammer und sichtet Funde. Greift zu einer Fundkiste aus dem Geißenklösterle, die Splitter und Splitterchen von Mammutstoßzähnen enthält. Sie sortiert die Teilchen nach Farbe und Maserung; 31 Stücke, die eine seltsame Perforierung aufweisen, scheinen zusammenzupassen. Was sie wundert, ist der Umstand, dass da ein Steinzeitler das Elfenbein zuerst gespalten, ausgehöhlt und schließlich wieder zusammengesetzt hat. Alles extrem schwierige Arbeitsschritte, da Elfenbein ein sehr spröder Werkstoff ist. Als „einmalige Leistung“ wird Nicholas Conard später erst die Arbeit des Steinzeitlers und dann die von Maria Malina beurteilen. Als sie die Fragmente aneinanderklebt und das „Ding“ in Form puzzelt, werden aus den Perforierungen drei Löcher, und sie hat plötzlich eine Flöte in der Hand. Keine der simplen, um nach dem Hund zu pfeifen, der vor knapp 40 000 Jahren vielleicht schon domestiziert war. Nein, bei diesem Blasinstrument handelt es sich um eine richtige Flöte mit drei Grifflöchern, der sich Töne entlocken lassen – fünf bis acht Töne, um genau zu sein, aber diese pentatonische Tonfolge erlaubt bereits das Spielen von Melodien. Der frühe *Homo sapiens* liebte wohl die gleichen Harmonien wie der späte, der moderne Mensch von heute.

Maria Malinas Flöte ist kein Einzelstück. Mittlerweile wurden acht Flöten gefunden, nicht alle vollständig. Das Paradestück ist eine weitere Flöte aus dem Geißenklösterle, die dort 2008 fast unbeschädigt geborgen werden konnte. Aus dem Knochen eines Gänsegeiers hergestellt, ist sie fast 22 Zentimeter lang und verfügt über fünf Grifflöcher. Die Flöten aus der Steinzeit lassen sich gut spielen, wie Berufsmusiker versichern. Ihr Klang erinnert an Panflöten.

Der erste Mensch, der je getutet hat, war wohl ein Neandertaler. In der Kebara-Höhle in Israel, wo er sich als bereits sprechender *Homo* vorstellte – sein Zungenbein, das Voraussetzung für das Artikulieren ist, wurde dort gefunden –, könnte er auch ein musizierender gewesen sein. Ein ausgehöhlter Tierknochen, in den Löcher eingekerbt sind, kam nahe einer urzeitlichen Feuerstelle zum Vorschein. Auch in der Höhle Divje Babe in Slowenien, dem Zeithorizont nach ebenfalls ein Domizil des Neandertalers, stießen Ausgräber 1991 auf den Oberschenkelknochen eines Höhlenbären, zwölf Zentimeter lang und ausgehöhlt, der mehrere rundliche Löcher aufweist, also ganz wie eine Flöte aussieht. Erste Datierungen ergaben ein Alter von 43 000 Jahren, neuere besagen, dass die Flöte 60 000 Jahre alt ist.

Doch ist es wieder die starke Pro-*Homo-sapiens*-Allianz, die den Neandertalern die Flötentöne nimmt. Da in deren Weltbild alle Kunst – auch die Musik – allein vom modernen Menschen ausgeht, kann unmöglich schon ein Neandertaler getrillert haben. Diesmal ist es der britische Archäologe Ian Morley, der nach Untersuchung des Knochens zu dem Schluss kommt, dass es sich bei den Löchern um Tierverbiss handeln kann. Für eine klare Deutung als ältestes Musikinstrument des Menschen fordert er hieb- und stichfestere Beweise als gleichmäßig angeordnete Löcher auf einem hohlen Knochen. Zu sagen, der Neandertaler hätte ein Musikinstrument kreiert, würde ja die (seine) Vorstellungen von der Menschheitsentwicklung über den Haufen werfen. Seiner Ansicht nach bleiben das Herstellen und das

Spielen von Musikinstrumenten allein dem *Homo sapiens* vorbehalten. Einstweilen, fügt er noch leise hinzu.[8]

In der Steinzeit wurde Musik gemacht, wie früh die Menschen mit dem Musizieren begannen, werden hoffentlich bald weitere Funde zeigen. Musik gehörte zum Alltag, war nicht Ritualen vorbehalten, da ist sich Nicholas Conard sicher, denn alle Flöten wurden zusammen mit anderen Gebrauchsgegenständen und nicht an besonderen Plätzen gefunden.

Zünftig ging's zu in der Steinzeit, denn nach Conard gab es da bereits Schrammelmusik. Die Ausgräber fanden viele Steine und Knochen, die eine seltsam geriffelte Oberfläche haben. Die Funktion dieser Artefakte, die sie Schrapper nennen, erschloss sich den Forschern erst, als ein Student mit einem Stock über die steinernen Waschbretter strich: Es entstanden Geräusche, die an Schrammelmusik erinnern.

Wie viele Instrumente es bereits in der Steinzeit gab, ist noch nicht geklärt; Nicholas Conard geht aber auf jeden Fall davon aus, „dass die Menschen gesungen, geklatscht und getanzt haben". Wie lautet doch da ein Sprichwort: „Wo man singt, da lass dich ruhig nieder, böse Menschen haben keine Lieder."

„Polka" ist ihr erster Gedanke, der zweite „Fanny Elßler", als sie die Statuette auf dem Galgenberg bei Stratzing vorsichtig aus der Erde hebt und aufrecht hinstellt. Christine Neugebauer-Maresch will das Figürchen gar nicht aus der Hand geben, das sie so an Fanny Elßler erinnert. Die österreichische Tänzerin aus der Kaiserzeit brachte die Polka und den russischen Krakowiak auf die Bühne und machte diese Volkstänze hoffähig. Die Fanny aus der Steinzeit ist 7,2 Zentimeter groß und aus grünem Serpentin, ein massiv splittriges Material, was den Eindruck von einer Ballerina, die sich schwungvoll dreht, noch verstärkt.

Christine Neugebauer-Maresch hat in diesem September 1988 gerade eine Stelle als Lehrbeauftragte am Institut für Ur- und Frühgeschichte an der Universität Wien angetreten, findet schon am 23. dieses Monats die Tänzerin aus der Steinzeit, was auch sie abheben lässt. Die Venus vom Galgenberg ist 7000 Jahre älter als ihre Kollegin von Willendorf, also über 30 000 Jahre alt, fast so alt wie die Schöne vom Hohle Fels.

Kritiker wollen auch diese Figur madig machen, beschreiben sie als Jäger mit Keule. Für die Entdeckerin Christine Neugebauer-Maresch steht fest: Es ist eine Frau. Und: Sie tanzt. Es muss aber nicht Polka sein, nur darüber lässt sie mit sich reden.

IRRTUM 13:

DIE STEINZEITLER HATTEN KEINE SCHRIFT

Christopher Henshilwood starrt auf den Stein. Mit Notizblöcken kennt er sich aus, sehr gut sogar, da Schreibwaren sein Metier sind, denn er hat lange diese Abteilung im Kapstädter Kaufhaus seiner Familie betreut. Er hält das Fundstück nahe vor sein Auge. Wie er diese Ockerplatte auch dreht und wendet, so kreist doch alles um seinen ersten Gedanken: „Das ist doch Gekritzel!" Die geritzten Linien auf dem Block sehen für ihn wie eine Notiz aus, was aber nicht sein kann, denn der steinerne Notizblock, den er gerade gefunden hat, stammt aus der Steinzeit. Der ganz fernen, der Altsteinzeit.

Christopher Henshilwood ist sich unsicher, denn er ist noch nicht lang Archäologe, obwohl er bereits Ende vierzig ist. Erst vor zwölf Jahren, als ihn die Notizblöcke im Familienbetrieb zu langweilen begannen, schrieb er sich für Archäologie ein. Auch im Studium ist er sein eigener Herr, besitzt er doch eine Höhle, wo er das Graben üben kann. Sein Großvater hatte sich 1961 ein Grundstück an Afrikas Südspitze gekauft, um 170 Kilometer von Kapstadt entfernt in Ruhe angeln zu können. Die Blombos-Höhle ersparte ihm vorerst den Bau einer Hütte; Ruhe hatte er da allerdings bald nicht mehr, weil sie zum Abenteuerspielplatz seines Enkels wurde. Christopher Henshilwood sammelte dort bereits als Jugendlicher Steinwerkzeuge.

1989 schließt er sein Studium ab, promoviert ein Jahr später und beginnt 1991 seine aktive Berufslaufbahn in der Blombos-Höhle. Nicht jeder Archäologe hat seine eigene Höhle. Eine Höhle in Südafrika, und sei sie noch so klein, ist für Ausgräber voller Verheißung. Und Christopher Henshilwood findet. Stößt schon im ersten Jahr auf Werkzeuge aus Stein und Knochen, deren Alter etwa 71 000 Jahre beträgt. 1997 werden ihm dann Forschungsgelder bewilligt, und er kann endlich in größerem Stil graben.

Erst findet er massive Hinweise auf steinzeitliche Gelage, all die Überbleibsel der Köstlichkeiten, die vor rund 80 000 Jahren auf die Bastmatte kamen: die Schalen der Muscheln, Gräten der Fische und Knochen diverser Tiere. Zwischen diesen Essensresten fand sich auch eine Ockerplatte, die mit geometrischen Ritzungen versehen ist. „Vielleicht der Einkaufszettel", witzelten sofort die Mitarbeiter, die auf Anhieb den gleichen ersten Gedanken wie Henshilwood hatten: dass es sich bei dem Ockerblock um einen Notizblock handelt. Der Block hat ein stolzes Alter von 77 000 Jahren. Wie da an Schrift denken, wenn viele Wissenschaftler immer noch der Meinung sind, der Mensch habe zu dieser Zeit kaum das Sprechen erlernt. Die Platten leiten dann ein Umdenken in der Paläoanthropologie ein, was aber nur frühe Kunst, nicht eine frühe Schrift betrifft.

Die Steinzeit ist voller Zeichen. Die frühen Menschen haben Punkte, Striche und Linien in Steine eingeritzt, auf Felsen und Höhlenwände gemalt. Die Betrachter der Neuzeit sahen darin immer nur ein Dekor, reine Ornamente, weil an Schriftzeichen nicht zu denken war. Mehr noch als kolossale Architektur ist Schrift das Merkmal einer Hochkultur, und die spricht man den Steinzeitlern im Brustton der Überzeugung ab. Als sei es ein Naturgesetz der Altertumswissenschaft, wurde gelehrt, wird gelehrt und wird wahrscheinlich weiter gelehrt werden, dass Schrift als Keilschrift vor 5000 Jahren im Zweistromland aus piktographischen Zeichen entstand. Wenig später teilten sich dann die Ägypter in Hieroglyphen mit.

Betrachtet man die steinzeitlichen Zeichen einmal unvoreingenommen, sehen diese ziemlich piktographisch aus. Und schaut man sich die Schnitz- und Ritzbilder auf Knochenstücken an, drängt sich der Gedanke an Hieroglyphen förmlich auf. So sind auf einer knöchernen Platte, die in einer der Höhlen von Les Eyzies de Tayac gefunden wurde und heute im Château von Les Eyzies de Tayac zu sehen ist, neun Menschen eher abstrakt gezeichnet. Sie, die eher wie Pinguine aussehen, haben Speere geschultert und stehen in Reihe vor einem überdimensionalen Wisent. Eine weitere Notiz aus der Steinzeit auf einem Knochen aus der La-Vache-Höhle in den Pyrenäen: In der Mitte steht ein riesiges Pferd, unter dessen Schweif sich ein kleiner Bär versteckt, der dem Betrachter direkt in die Augen blickt. Dahinter sind sechs pinguinähnliche Menschen zu erkennen.

So diese Ritzungen Schriftzeichen sind, hatte ein *Homo heidelbergensis* viel mitzuteilen. Für seine umfangreiche Korrespondenz verwendete er vor über 300 000 Jahren das Schienbein eines Mammuts. Gefunden hat dieses „Schriftstück" Dietrich Mania, der in Bilzingsleben bei Erfurt einen urzeitlichen Lagerplatz ausgrub. Für ihn sind die Einkerbungen auf dem Knochen „die ältesten bekannten graphisch-kommunikativen Zeichen". Die Kritiker sehen es ganz banal: Nicht die Schrifttafel des *Homo heidelbergensis* sei es, sondern sein Schneidebrett.

Was dann passiert, erinnert an Eudora Welty, die einmal sagte: „Jedes echte Wagnis geht von innen aus." Die junge Geneviève von Petzinger meldet sich plötzlich in der wissenschaftlichen Diskussion zu Wort und führt, für eine Studentin sehr mutig, den Altertumsforschern ihre Ignoranz vor Augen. Warum nur, fragt sie die konsternierte Fachwelt, gibt es auf allen Kontinenten die gleichen Symbole in steinzeitlichen Felsmalereien? Tausende dieser Zeichen sind es, viel mehr als gemalte Tiere, von denen bisher kaum einer groß Notiz genommen hat. Könnten es nicht Zeichen einer Urschrift sein, die lang vor den anerkannten Schriften entstand? Da die Fachwelt mit Schweigen reagiert, macht sich die Kanadierin, die an der University of Victoria Paläoanthropologie studiert, 2010 selbst auf, um die Antworten zu finden.

Vier Monate lang vertieft sie sich in die „Höhlen-Lettern", macht akribisch das, was längst schon hätte gemacht werden sollen: Systematisch katalogisiert sie die Symbole. Aus insgesamt 146 französischen Höhlen trägt sie 5000 Zeichen zusammen, von denen die frühesten vor 35 000 Jahren, die letzten vor 10 000 Jahren auf den Fels gemalt wurden. Die Steinzeitzeichen machen dann Bekanntschaft mit einer Datenbank, die ein Ergebnis ausspuckt, das von Petzinger bestätigt: 26 Symbole, alle im gleichen Stil gezeichnet, erscheinen an diversen Fundorten immer wieder. 18 dieser Symbole tauchen auch in Australien, Afrika und Asien auf. Und über 70 Prozent der Symbole sind bereits auf den ältesten Felsmalereien zu sehen. Noch verbietet es sich die Forscherin, an ein universelles urzeitliches Alphabet zu denken.

Die „Buchstaben" der möglichen Urschrift sind einfach, meist bestehen sie aus Linien, Kreisen, Kurven und Punkten, aber auch unser A bis Z ist ja nichts anderes. Da sie aber an so vielen Orten der Welt auftauchen, ist sich Geneviève von Petzinger sicher, dass es sich nicht um zufälliges Gekritzel handelt. Sie sieht in den Symbolen ein universales Mittel, mit dem die Menschen zu Steinzeiten kommunizierten. Nachrichten für durchziehende Clans wie „Ayla was here" oder Informationen wie „An der nächsten Flussbiegung kann man sehr gut Hirsche jagen"? Waren die Bildwände so etwas wie erste Bildschirme über die – Kino, Kino – die Jahrtausendschau flimmerte?

Wenn eine Schrift aus 87 000 Zeichen besteht, muss man früh beginnen, sie zu kreieren. So geschehen in China, als da jemand vor 30 000 Jahren einen sorgfältig geglätteten Kalkstein zur Hand nahm und in ihn eine Reihe von Linien einritzte, von denen sich zwei überkreuzen. Der Stein wurde bereits bei Ausgrabungen 1980 in Shuidonggou im Norden Chinas gefunden, die Gravuren aber wurden erst jetzt entdeckt. Die Bedeutung der Zeichen ist unklar, doch sehen die gekreuzten Linien wie eine Schreibübung zum chinesischen Schriftzeichen für Wasser aus oder für das wichtigste aller Worte, als gerade die Individualität entdeckt wurde, die 30 000 Jahre später wieder verschwindet: ich.

IRRTUM 14:

ERST MIT DEM *HOMO SAPIENS* BEGANN DER MENSCH ZU DENKEN

Schnupperkurs in einem Institut für Ur- und Frühgeschichte. Der Hörsaal ist brechend voll, denn heute füllen ihn statt der wenigen Studenten Schülerinnen und Schüler, die bald ihr Abitur machen werden. Der Ordinarius gibt sich locker, seine Vorlesung ist weniger professoral, geht ihm doch nicht aus dem Kopf, dass er um Nachwuchs zu werben hat. Nach der Einführung in sein Fach bittet er jovial um Fragen. In der ersten Reihe des Auditoriums wagt sich ein Mädchen noch weiter vor.

„Hatten die Steinzeitler Vorstellungen von Liebe?", fragt sie leise, zittrig. Als wolle sie Mut fassen, holt sie tief Luft, was auch ihre Stimme kräftiger macht: „Machten sie sich bereits Gedanken über ihre Gefühle?"

„Äh …", hebt der Professor an.

„Ich meine die großen Gefühle", unterbricht ihn das Mädchen.

„Äh …"

„Ich meine Liebe und Trauer!"

„Äh …"

„Nicht die minderen Gefühle wie Angst oder Wut", erklärt das Mädchen.

„Angst ist also für Sie ein kleines Gefühl. Interessant“, atmet der Professor auf.

„Angst ist ein anderes Thema. Mir geht es um Liebe. Kannte ein Neandertaler schon dieses Gefühl? Konnte er schon denken: ‚Ich liebe diese oder jene Neandertalerin.‘?“

„Äh …“

„Man sagt doch immer, dass die Liebe eine Erfindung der Neuzeit, ein Produkt Hollywoods sei.“

„Äh … Ich bin für die Steinzeit zuständig …“, haspelt der Professor heraus.

„Eben! Deshalb will ich ja auch von Ihnen wissen, ob die Neandertaler die Liebe kannten.“

„Äh … Ich will mal so sagen …“

„Nicht Leidenschaft. Ob sie die Liebe kannten. Dieses starke Gefühl, wenn man liebt.“

Der Professor schüttelt verständnislos und lange den Kopf, grient dann verschwörerisch in die Menge seiner Zuhörer. Liebe! Er beschäftigt sich mit materiellen Dingen, nicht mit Gefühlen – und dazu noch so flüchtigen wie Liebe. Liebe in der Steinzeit! Auf was für Ideen die jungen Leute heutzutage kommen. Zu seiner Zeit …

Das Mädchen wartet auf eine Antwort. Nun lässt sich der Assistent vernehmen, der bis jetzt seinem Chef schweigend zur Seite stand.

„Liebe ist etwas Elementares. Natürlich liebten auch die frühen Menschen, dachten sicher auch aneinander. Statt aber Herzen in Bäume zu schnitzen, schnitzten sie vielleicht das Abbild ihrer Herzallerliebsten, das sie, wie wir heute unser Passbild, immer bei sich trugen.“

„Sie wollen doch jetzt, an dieser Stelle, nicht behaupten, dass die Venus-Figuren ähem, ähem waren …?“, ringt der Professor um Fassung und Worte. „Das denken wir nicht!“, ergänzt er energisch und wird dann laut: „WIR DENKEN, DASS ERST DER *HOMO SAPIENS* DACHTE!“ Er sammelt sich, nur um dann seinen Assistenten anzuschnauzen: „Das ist die Denklinie unseres Instituts!“

„Dass Denken verboten ist?“, erwidert leise der Assistent und wendet sich dann an das Auditorium: „In unserem Fach gibt es noch so viel zu klären. Das ist das Spannende daran, uns in unseren frühesten

Vorfahren zu entdecken." Er wendet sich an das Mädchen: „Uns, mit all unseren großen Gefühlen." Kleiner Seitenblick und -hieb auf seinen Chef: „Uns, mit all unseren kleinen Macken."

Der tiefe Graben, der obigen Professor von seinem Assistenten trennt, entzweit die gesamte Schar der Prähistoriker. Da ist zum einen die starke Fraktion, die dem *Homo sapiens* – und da allein dem europäischen, dem Cro-Magnon-Menschen – alle Meriten in der Entwicklung der Menschheit zuspricht: Er sei der Erste aus der *Homo*-Reihe gewesen, der denken konnte, kraft seines Geistes die Kunst anstieß und so die Zivilisation auf den Weg brachte. Einer der Vordenker dieser *Homo sapiens*-über-alles-Bewegung ist der Paläoanthropologe Richard Klein, der an der Stanford University in Kalifornien lehrt. Seiner These zufolge entwickelte sich das Denken nicht graduell mit dem Gehirn, vielmehr kam der Geist mit einem Schlag über den Menschen – über den *Homo sapiens* vor etwa 40 000 Jahren.

Weil ein Wissenschaftler auch nur ein Mensch ist, entwickelt er, entwickeln sich seine Theorien nicht von ungefähr und nicht allein aus ihm heraus. Theorien sollte man immer auch im Licht ihrer Entstehungsgeschichte sehen, berücksichtigen, wo und wie sie angedacht wurden. „Cherchez le professeur" müsste es im Fall Kleins heißen. Sein Professor, sein Mentor war Francis Clark Howell, der als Begründer der modernen Paläoanthropologie gilt, eine Wortkombination, die nur auf den ersten Blick ein Widerspruch ist. Clark Howell wirkte tatsächlich als Erneuerer in der Altertumswissenschaft, wirkte Wunder, war er es doch, der die Rehabilitierung des Neandertalers einleitete. Sein Credo lautete, dass neben den „stones und bones" andere Objekte weit wichtiger wären, um die Vorzeiten zu erfassen. Einer seiner Leitsprüche war, nie die frühen Menschen zu unterschätzen. Sein Student Richard Klein setzt sich von seinem Doktor- und Übervater ab, indem er jetzt mit der ganzen Wucht des Wissenschaftsbetriebes den *Homo sapiens* überschätzt. Was seiner Meinung nach den *Homo sapiens* quasi über Nacht zum Ururururgroßvater Einsteins machte, sei möglicherweise eine Genveränderung, die es aber noch nachzuweisen gilt. Der Cro-Magnon sei der erste Mensch gewesen, der Köpfchen gehabt habe.

Und davor? Lucy, die drei von Laetoli, der Nussknacker-Mensch, *Homo rudolfensis, Homo erectus, Homo heidelbergensis*, der Neandertaler, der Denisova-Mensch, *Homo floresiensis* – alles „Halb-“ bis „Volltrottel“? Nicht die normale menschliche Neugier – die ja Mutter der Ratio ist – hätte den *Homo erectus* zum (Aus-)Wandern und bis nach Peking und Nordeuropa gebracht, sondern allein seine „animalischen Triebe“ seien hierfür ursächlich, verficht Ian Tattersall, ein Brite, der in den USA lehrt und sich eigentlich mehr mit Affen als mit Menschen beschäftigt. Ian Tattersall ist in erster Linie Primatologe und dann erst Paläoanthropologe.

Affe gleich Südaffe? In Übersee hat sich eine starke Allianz gebildet, die dem *Homo sapiens* alles und allen Menschen davor nichts bescheinigt. Fühlt man sich im Land der fundamentalen Christen noch der Idee verpflichtet, dass es vor Adam keine wirklichen Menschen gegeben haben kann? Dass es tatsächlich so etwas wie die Krone der Schöpfung gibt, die eine Gruppe von Menschen den anderen überlegen macht? Jedenfalls wird der *Homo erectus* von amerikanischen Wissenschaftlern schlicht als Tier bezeichnet; und um das Staunen zu zerstreuen, das dieser Begriff in Europa auslöst, sprechen sie von ihm nun als dem „kulturtragenden Tier“. Selbst diese Einschätzung ist für Alan Walker von der Pennsylvania State University zu viel des Guten. „Der Urmensch war strohdumm“, verkündet er ohne einen Funken von Zweifel. „Er konnte nicht denken, weil sein Gehirn dazu viel zu klein war.“ Da ist es nur logisch, dass Kunstwerke des *Homo erectus* als Produkte der Natur abgetan werden. Alte Feuerstellen erklärt die konservative Riege als Folge von Blitzeinschlägen; die Grundrisse von Hütten sind für sie nichts anderes als natürlich entstandene Geröllformationen (siehe dazu auch „Anmerkungen“, Endnote 1).

Über die Verherrlichung des *Homo sapiens* wundert sich auch Wolf Schneider. Der Doyen des deutschen Journalismus kann sich des Eindrucks nicht erwehren, dass diese Forschung im Kern eine rassistische ist. Die Überlegenheit des weisen Menschen gleich der des weißen Mannes?

Doch unsere Uraltvorderen lösen sich nun aus dem Dunkel und wehren sich selbst. So zeigen die „Tiere“ in letzter Zeit immer mehr, was sie so alles herzustellen in der Lage waren, z. B. Pattex made in Neandertal. Auf den paläolithischen Klebstoff stießen Ausgräber nahe der Stelle, wo sich einmal das Dorf Königsaue befand, bevor es zu DDR-Zeiten dem Braunkohleabbau zum Opfer fiel. In einer Schicht, auf die vor 80 000 Jahren die Neandertaler ihre Füße setzten, fand sich eine teerartige Substanz, eindeutig künstlich hergestellt. Dies Birkenpech zu produzieren, erfordert kompliziertes Destillieren – und Verstand, denn auf solch ein Verfahren kommt man nicht ohne reife Überlegung. Baumrinde, stark zerkleinert, muss unter Luftabschluss verschwelen; damit dieser Prozess gelingt, muss sich die Temperatur genau zwischen 240 und 300 Grad bewegen. Die Idee zu diesem Klebstoff hatten Neandertaler, denen man geistige Leistungen jedweder Art noch immer abspricht. Den Leim verwendeten sie dazu, die Steinklingen im Lanzenschaft zu befestigen.

Schon der Vorläufer des Neandertalers betätigte sich als Chemiker. 140 000 Jahre vor den destillierenden Neandertalern stellte er einen Stoff zum Gerben von Leder her. Diese Lohe wird aus der Rinde und Blättern der Eiche gewonnen; Reste der schwarzen Masse wurden bei Ausgrabungen in Neumark-Nord entdeckt, einem dieser „Guckfenster“ in die Steinzeit, die sich nun nach und nach im alten Kohlerevier der ehemaligen DDR auftun.

Dann kamen die aufsehenerregenden Speere von Schöningen zum Vorschein, rund 300 000 Jahre alt, die sicher nicht für den Weitwurf entwickelt worden waren. Bis dato schweigt die amerikanische *Homo sapiens*-Liga beredt zu dem „Knüller Schöningen“, weil ihrer Lehrmeinung nach der *Homo erectus/heidelbergensis* doch nie und nimmer gejagt haben kann. Er sei ein „Aasfresser“ gewesen, so der Amerikaner Lewis Binford; ein Tier, das sich mit anderen Raubtieren um die Kadaver balgte. Tiere selbst zu jagen und zu erlegen – no way, dekretierte dieser Archäologe, der in den sechziger Jahren des letzten Jahrhunderts die New Archaeology ins Leben rief. Ein Etikettenschwindel, da zwar die Methoden neue waren, die Ansichten aber die alten blieben.

Für Lewis Binford war es völlig ausgeschlossen, dass dieser Vorzeitgenosse auf Jagd ging, denn das hätte ja bedeutet, dass er planen, sich beraten, Waffen konstruieren konnte – all das spricht nicht nur dieser US-Gelehrte den frühen Menschen ab.

Sabine Gaudzinski-Windheuser lässt Knochen sprechen. Um den Gelehrtenstreit zu beenden, der Züge eines Glaubenskampfes hat, trägt sie in Israel handfestes Beweismaterial zusammen. Die Archäologin vom Römisch-Germanischen Zentralmuseum in Mainz untersucht nahe Jerusalem die Überreste von Flusspferden, die vor 1,4 Millionen Jahren zu Tode kamen, zu einer Zeit also, als der *Homo erectus* allein durch die weiten Fluren der Levante streifte. Spuren von ihm sind nun auf den Knochen großer Tiere zu finden: jede Menge Kerben und Schnitte, die – da ist sich die Archäologin sicher – nur von Feuersteinmessern stammen können. Ordentlich hatten da die Jäger noch das letzte Fitzelchen Fleisch von den Knochen geschabt.

Die Beweislast wiegt Tonnen, denn Hunderte von Knochen hat Sabine Gaudzinski-Windheuser bis jetzt unter ihre Lupe genommen und alle haben die „intentionellen Schnittmarken“, die nur von Menschenhand stammen können – von der Hand jener Menschen, die von vielen Forschern jenseits des großes Teiches immer noch als „Menschen ohne Menschlichkeit“ beschrieben werden.

Der *Homo erectus* jagte. Mit viel List und noch mehr Geschick stellte er vor allem den ganz großen Tieren nach, weil diese nicht so leicht entkamen. Auch wenn sie nicht so schnell entwischten, waren die Elefanten, Nashörner und Flusspferde schwere Beute, denn man musste sie mit simplen Waffen erlegen. Mit Speer und Lanze wagten sich frühe Menschen sogar an Löwen heran, wie ein Fund bei Siegsdorf im Chiemgau beweist: Vor 47 000 Jahren erlegten da Neandertaler einen Höhlenlöwen … und vor 90 000 Jahren Vorzeitgenossen in Afrika große Fische. In Zaire stießen Kathlyn Stewart vom Canadian Museum of Nature in Ottawa und ihr amerikanischer Kollege John Yellen 1995 bei Katanga auf Ur-Harpunen: Knochenspitzen mit Widerhaken, stolze 90 000 Jahre alt. Dass man zu dieser frühen Zeit mit solch ausgefeilter Technik auf Fischjagd ging, hatte die Fachwelt den Steinzeitlern nicht zugetraut. Und dabei wollte es das Gros der Forscher belassen. „Es war ein einziger Fund", sagt John Yellen. „Und unsere Interpretation verstieß gegen ein Dogma."

(Ehren-)Rettung nahte dann mit Henshilwoods „Notizblock" (siehe Kapitel 13). Schrift hin, Zeichen her – Gravuren, die vor 77 000 Jahren in einen Ockerstein eingeritzt wurden, zeigen, dass die frühen Menschen zivilisatorisch viel weiter waren, als man bisher angenommen hatte. Nach dieser Entdeckung in der Blombos-Höhle geriet die These vom späten Intelligenzschub ordentlich ins Wanken.

Noch geben sich die Beweihräucherer des *Homo sapiens* nicht geschlagen. So fragt Richard Klein seinen Kollegen Henshilwood herausfordernd: „Wenn die Zivilisation so früh kam, warum sind dann solche Entdeckungen so selten?" Und der Anthropologe Steve Kuhn von der University of Arizona sekundiert pflichtschuldig: „Das könnte auch Gekritzel sein, ohne jede Bedeutung."

Und doch ist eine Bresche in die Phalanx der Leugner des frühen Verstandes geschlagen. Seinen amerikanischen Kollegen hält Dietrich Mania, der bei Bilzingsleben einen urzeitlichen Lagerplatz freilegte, entgegen: „Geist und Bewusstsein haben viel tiefere Wurzeln als angenommen." Und er versetzt ihnen noch einen Seitenhieb: Die US-Forscher würden den *Homo erectus* nur deshalb niedermachen, „damit der *Homo sapiens* weiter als auserwähltes Geschöpf glänzen kann".

Zurück in den Hörsaal zum Einführungskurs für Ur- und Frühgeschichte. Der Assistent bittet die Schülerinnen und Schüler, noch zu bleiben, er habe da einen Zeichentrickfilm, den ihm die Paläoanthropologen zugespielt haben, der unbedingt sehenswert, wichtig sei, wollte einer von ihnen einmal Ur- und Frühgeschichte studieren. „Da bin ich aber froh, dass wenigstens das nicht auf Ihrem ... ähem, ähem ... gewachsen ist", wird der Professor später sagen, als alle im Auditorium stumm auf ihren Plätzen verharren.

Der Film der Paläoanthropologen zeigt eine Talkshow mit dem Titel *Die Menschenrunde.* Darunter steht: „Fiktiv, aber Science, aufgezeichnet vor 38 000 Jahren". Die Teilnehmer sind Lucy, die bekannte Südäffin, Flora, eine kleine *Homo floresiensis*-Frau, *Homo erectus,* ein Neandertaler und *Homo sapiens*.

Homo sapiens (gestylt wie ein Banker, selbstgefällig, sehr arrogant, lehnt sich weit im Stuhl zurück): „Ich weiß nicht, was das Ganze hier soll. Ich habe gewonnen. Du bist längst tot (zeigt auf den *Homo erectus*), und du bist so gut wie tot (macht eine Speerwurf- Bewegung in Richtung Neandertaler)."

Neandertaler (sieht ein bisschen wie Franz Josef Strauß aus und spricht sehr verschliffen, was Bayern als Bayrisch erkennen, Til-Schweiger-Fans als Schweigerisch): „Zefix, Kruzihomosapiens, hümpftlbrfft, hmrrft, sog i …"

Homo sapiens (noch selbstgefälliger): „Wie ich schon sagte: Aus euch konnte ja nichts werden."

Lucy (flüstert): „Die kennen keine emotionale Intelligenz."

Flora (fällt ihr leise ins Wort): „Und die werden sie auch nie lernen."

Neandertaler: „Mnschdfnfgp. Dchrrmmpffknnch! Fllmpkrnncch. Chndrf. Hwmmrchtsgh. Hmmbllmpch!"

Homo sapiens (schaut überlegen in die Runde): „Wir wissen es besser. Alles. Ha."

Neandertaler (läuft rot an, pumpt wie ein Stotterer und bringt dann heraus): „Ja verreck aber au. S'trifft schon alle."

Lucy (mit leiser Stimme): „Arten sterben nun mal aus. Das ist eine der Gesetzmäßigkeiten der Natur."

Homo sapiens (lacht breit): „Und wir sind angetreten, dieses Gesetz zu brechen. Wir machen uns die Erde untertan (er fängt an zu schreien), wir machen uns die Natur untertan, wir entscheiden, wer leben darf …"

Homo erectus (beugt sich vor): „Wir …"

Homo sapiens (fährt dazwischen): „Ich!"

Neandertaler (streng): „Wir …"

Homo sapiens (schreit jetzt): „ICH! ICH! ICH!"

Flora beugt sich zu Lucy und sagt leise: „Je mehr Mensch der Mensch wird, desto unmenschlicher ist er."

IRRTUM 15:

IN DER STEINZEIT GAB ES KEINE RELIGIONEN

Harald Hauptmann läuft die Zeit davon. Und das hier im „Tal der Pest", wo die Uhren schon vor Jahrhunderten stehen geblieben sind. Nevalı Çori im Südosten von Anatolien ist nicht von dieser Welt, ist ganz das wilde Kurdistan wie einst bei May – wie es Karl May so spannend beschrieben hat, ohne je dagewesen zu sein. Einen Abenteuerroman könnte nun auch der Archäologe schreiben, der jetzt mit aller Macht gegen den Untergang eines steinzeitlichen Gotteshauses ankämpft.

Wo Zivilisation so furios begann, nun aber seit Jahrtausenden auf der Stelle tritt, soll der Fortschritt an Terrain gewinnen. Am Oberlauf des Euphrat plant die Türkei einen Staudamm, gleich einen gigantischen, der zukünftig das öde Land in das grüne Paradies, den Fruchtbaren Halbmond zurückverwandeln soll, der er zu Steinzeiten einmal war. Da aber die Seitentäler im Stausee versinken werden, sind die Archäologen aufgerufen, hier schnell noch nach Altem zu sehen. Notgrabung nennt man solch ein Ruck-zuck-Unternehmen, das Ausgräbern ein Graus ist, da es mit der berufsimmanenten Bedächtigkeit kollidiert. Doch vor die Wahl gestellt, Altertümer zu retten oder sie der Zerstörung preiszugeben, entscheiden sich Wissenschaftler immer für Rettungsgrabungen.

Zum Retter möglicher Relikte aus der Vergangenheit wird 1983 Harald Hauptmann erkoren, der zu dieser Zeit Inhaber des Lehrstuhls für Ur- und Frühgeschichte an der Universität Heidelberg ist. Er kennt die Türkei, hat im Land schon oft gegraben, er mag die Menschen da, sieht sich selbst als Nomade, der nur sein saisonales Lager in Heidelberg aufgeschlagen hat. Und er weiß um einen Platz hier oben am Euphrat, der unbedingt erforscht werden sollte.

1979 war in dieser Gegend, wo der Staudamm entstehen soll, ein Student wissenschaftlich gewandert. Survey nennt man diese Oberflächenbegehung, bei der alles Alte, was auf der Erde liegt, ordentlich registriert wird. In diesem „Tal der Pest", dem Nevalı Çori, lief dann der junge Mann durch Flintschotter, fand eine Hangterrasse übersät mit Bruch von Feuerstein, wie er beim Zuschlagen von Pfeilspitzen und Messern abfällt. Solch eine steinzeitliche Schutthalde ist Indiz für einen Lagerplatz; die riesige Menge an Feuerstein deutete auf einen großen hin. Doch weit Größeres wird Harald Hauptmann hier finden.

1983 beginnt sein Wettlauf mit der Zeit. Und die Zeit, die bleibt, macht die türkische Regierung noch knapper. Die Kampagnen werden auf nur vier Wochen im Jahr beschränkt, was für die Ausgräber doppelt lange Arbeitstage bedeutet. „Um effizient zu forschen, war es, als bauten wir Erker an die Tage an", lacht im Nachhinein eine Mitarbeiterin. Mitten in der Nacht klingelte bereits der Wecker; um vier Uhr früh ein schnelles Frühstück, bevor sich die Ausgräber auf den Marsch zur Ausgrabungsstätte machten. Eher auf den Trab, denn nach der Rekordzeit von einer Stunde war das Ziel erreicht, noch bevor die aufgehende Sonne dem Gipfelkegel des Nemrut Dağı eine rote Aura verlieh. Dann ohne Pause sondieren und graben bis 19 Uhr, um hundemüde fast in der doppelten Zeit zum Lager zurückzutrotten.

Doch das Trekking und die Maloche im Dienst der Forschung haben sich gelohnt. Wo sich die Archäologen angesichts der Lage und des Zeitdrucks etwas Neues einfallen lassen mussten, hielten es die Subjekte ihrer Forschung ebenso. Die Menschen der ausgehenden Altsteinzeit machten hier in der Euphrat-Region vor über 10 000 Jahren ihr eigenes Ding. Ein ureigenes Ding.

Was wohl diese Steinzeitler überkam, dass sie von einem Tag auf den anderen vom Wandern abließen und das für sehr lange Zeit? Wer bloß veranlasste sie, statt der gewohnten Laubhütten plötzlich ein

Haus für ihre Gottheit zu bauen, ein überaus festes, das Jahrtausende überdauern sollte?

„Erste Teile eines Gebäudes von fast monumentaler Größe heute freigelegt", schreibt Harald Hauptmann ein wenig krakelig – sei diese Handschrift nun der Funzellampe oder der (An)spannung geschuldet – eines späten Abends im September 1987 in das Grabungstagebuch. In seiner privaten Kladde vermerkt er am selben Tag: „So ein Gefühl in mir, als ob wir vor einer großen Entdeckung stehen." Als ob die Grabung nicht schon bis dahin eine ganze Reihe großer Entdeckungen aufzuweisen hätte! Häuser, richtige, richtig große, denn das größte misst 16 Meter auf 7 Meter, sind mit einem Höchstmaß an Luxus versehen: Fußbodenkühlung temperierte hier die Räume aufs Feinste. Neben dem Prototyp der Air-Condition eine Weiterentwicklung in Sachen bildender Künste. Für die Kunst am Bau posierten die Lieblingsmodelle ihrer Schöpfer. Diese Tiere aus Stein sind von der gleichen Lebendigkeit wie sie ein paar Jahrtausende früher die Maler auf die Höhlenwände gezaubert hatten – als wäre nun die Direktive ausgegeben worden, doch endlich vom fast Dreidimensionalen zum richtigen 3-D-Film überzugehen. All die Steine wurden mit Stein bearbeitet, mit Meißeln aus Flint in die schöne Form gebracht, was Jahre, Jahrzehnte an schwerer Arbeit bedeutet haben muss.

Und nun die größte aller großen Entdeckungen in Nevalı Çori: Das monumentale Gebäude, das die Archäologen jetzt weiter freilegen, hebt sich von den anderen ab, denn es ist quadratisch, hat im Innenraum zwei mächtige Pfeiler und verfügt über eine Prachtausstattung wie den ersten aller Terrazzoböden aus fein abgeschliffenem Kalksplitt, was Marmor gleichkommt. An den Wänden ziehen sich Mauervorsprünge entlang, die, mit dicken behauenen Quadern belegt, wie Bänke wirken. Fußboden und Platten sehen aus, als seien sie erst gestern frisch poliert worden. In einer Wandnische versteckt sich dann der Glanzpunkt, der selbst sensationsgestählte Ausgräber aus den Stiefeln kippen lässt, in die Knie zwingt wie vielleicht die Steinzeitler vor über 10 000 Jahren: der überlebensgroße Kopf eines Gottes, der kaum Gesichtszüge, dafür aber eine umso deutlichere Haartracht hat. Der, den die Menschen hier vor über 10 000 Jahren anbeteten, ist ein

Skinhead mit einem Schlangenzöpfchen am Hinterkopf, eine Frisur, wie sie in amerikanischen Krimis der böse Chinese trägt. Der erste Gott, den der Mensch nach seinem Bilde schuf. Auf die Menschen der Neuzeit wirkt er distanziert, geradezu abweisend, ist eher der gestrenge Gott des Alten Testaments als einer, der auch verzeihen kann.

Die Auferstehung des Steinzeitgottes spricht sich in Fachkreisen schnell herum, und so pilgern viele Kollegen zum Allmächtigen mit der Glatze, darunter der Amerikaner Robert Braidwood, damals schon achtzig, der die Gegend an Euphrat und Tigris wie kein anderer kennt, erfolgreich im Irak gegraben hat und die ^{14}C-Datierung für die Archäologie entdeckte. Er stolpert über die Schwelle, hat keinen Atem, keine Worte mehr, bringt dann doch heraus, dass hier wohl „die Schwelle zur Zivilisation“ gewesen sei. Sieht sich um und stellt abschließend fest: „Mich wundert in der Archäologie nun gar nichts mehr.“

Der Skinhead-Gott, die anderen Plastiken und wichtige Bauteile des Gotteshauses und der weltlichen Häuser werden nach und nach ins Museum von Şanlıurfa transportiert. Kurz vor Silvester 1991 schwappen dann erste Wellen des Atatürk-Stausees über die Schwelle des Tempels; und schon Ende März 1992 versinkt die Schwelle zur Zivilisation völlig in den Fluten des Stausees.

Harald Hauptmanns Assistent in Nevalı Çori ist Klaus Schmidt, den ein weiterer Berg von Feuersteinabfall zu der Ausgrabung seines Lebens führt. Er wird auf dem Göbekli Tepe einen Tempel finden, der noch älter und noch größer ist und über weit mehr Tierplastiken verfügt als der untergegangene im „Tal der Pest“. Auf den Flintschutt stieß er zuerst in der Bibliothek. Der Bericht eines Surveys elektrisierte ihn, setzte ihn letztlich auf die Spur. Zwei Archäologen hatten 1963 die Bergkette nördlich von Şanlıurfa nach Hinweisen auf alte Siedlungsplätze abgesucht und waren dabei auf einem Hügel über „ordentlich“ Feuerstein gestolpert. Als so vage wie die Mengenangabe erwies sich auch die Ortsbeschreibung. Mit dem Taxi und zu Fuß durchsuchte dann der Prähistoriker aus Franken die Höhenzüge am oberen Euphrat und wurde auf dem Göbekli Tepe endlich fündig. Der „Bauchige Berg“ oder „Berg mit Nabel“ entpuppt sich dann auch als Nabel einer ganz alten Welt, die den Besucher, kaum dass er sie betritt, in eine andere Wirklichkeit versetzt. Wäre Klaus Schmidt nicht der zugeknöpfte Forscher, hätte er hier längst in das Jubilate der Feldlerchen eingestimmt, die nur dann jäh verstummen, wenn eiserne Vögel hoch am Himmel die Grenze zum nahen Syrien nachziehen.

Auf ein Bestiarium in Stein stieß Klaus Schmidt bereits bei seinen ersten Sondagen 1995: riesige Pfeiler in T-Form, auf denen im Relief Füchse schnüren, Enten watscheln, Keiler ihre Hauer zeigen und Löwen zum Sprung ansetzen. In den Ruinen mächtiger Gebäude findet er mannshohe und -gleiche Statuen mit einem Greifvogel als Krone. Diese Kunst ist noch älter als die von Nevalı Çori, hier schufen Steinzeitler schon vor über 11 000 Jahren mit ihren Flintmeißeln wirkliche Meisterwerke und die allerersten Tempel der Menschheit, wo wohl noch Tiere als Gottheiten verehrt wurden wie Jahrtausende zuvor in den Höhlen-Kathedralen. Der *Homo sapiens* war offensichtlich auch immer ein „Homo spiritualis“, wie es der französische Höhlenforscher Jean Clottes empfunden hatte.

In Göbekli Tepe war der „Homo spiritualis“ auch dem profanen Spiritus zugeneigt. Statt Messwein wurde aber hier Messbier bei Ritualen getrunken, wie Archäologen vermuten, da sie kürzlich eine steinzeitliche Brauerei in der Tempelküche entdeckten. Die Rückstände in den Wannen aus Kalkstein deuten darauf hin, dass die Wildbeuter, die wegen des Tempelbaus vielleicht vorübergehend Bauern wurden (siehe dazu auch Kapitel 8), einen Teil der ersten Ernten abzwackten, um aus Emmer und Einkorn Bier herzustellen. Das Urbier wird die Steinzeitler nicht bekehrt, ihnen aber den Ritus versüßt haben.

Und die Arbeit. In Göbekli Tepe hat der Glaube Steine versetzt, mannshohe Quader, die erst mit Steinhämmern aus dem felsigen Untergrund geschlagen, dann auf die Kuppe gehievt und dort aufgerichtet wurden. Hat Religion dieses Bauprojekt angestoßen? Hat ein Gott, haben Götter ihnen diese übermenschliche Kraftanstrengung abverlangt? Sind Tempel und Kirchen Stein gewordene Beweise großer Gottesfurcht? Religionswissenschaftler vertreten ja die Meinung, dass es erst ein gemeinsamer Glaube war, der in den Menschen ein starkes Wir-Gefühl erzeugte und Sippen zu einem Gemeinwesen zusammenschweißte. Menschen könnten mehr, könnten wirklich Großes leisten, so sie sich „unter die Aufsicht gemeinsam verehrter Gottheiten" stellen, sagt Ara Norenzayan, Sozialpsychologe an der University of British Columbia in Vancouver. Diese unheilige Verbindung von Glaube und Arbeit segneten in der Vergangenheit immer wieder Religionsgründer ab, wie beispielsweise der Reformator Calvin, dessen Lehre weiterhin der Kanon vieler fundamentaler Protestanten ist. Dies „Wachset und mehret euren Gewinn" ruft denn eine neue Staatenreligion hervor: den Kapitalismus.

In Nevalı Çori und in Göbekli Tepe manifestiert sich ein Glaube in einer gemeinsamen Anstrengung. In den Höhlen Spaniens und Frankreichs dokumentieren die Wandbilder eine Glaubenswelt, zu der wir (noch) keinen Zugang gefunden haben.

Doch wie hielten es die Menschen davor? War auch der *Homo erectus* ein „Homo spiritualis"? Hatte er bereits eine Vorstellung von einem Jenseits, von großen Mächten, die über ihn wachten? „Er hatte", sagt bestimmt Dietrich Mania und führt als Beispiel jenen urzeitlichen Lagerplatz an, den er bei Bilzingsleben in Thüringen ausgrub. Im Zentrum dieser Siedlung will er einen „Ritualplatz" ausgemacht haben.[9] Auf dieser ovalen Fläche, die wie gepflastert wirkt, sollen vor über 300 000 Jahren Sippen früher Menschen, so Mania, in einer Art Kulthandlung die Gehirne von Verstorbenen verspeist haben. Gotteslästerlich sei diese These, erregen sich seine amerikanischen Kollegen, für die Menschheit erst mit dem *Homo sapiens* beginnt. Sie stehen nach wie vor zu ihrem Grundsatz, dass einer, der nicht sprechen kann, auch nicht betet.

Das zielt auf den Neandertaler, dessen Volk von einer Reihe von Wissenschaftlern immer noch als das stumme bezeichnet wird. Aber auch er wird die großen Gedanken „Wo komme ich her?" und „Wo gehe ich hin?" schon angedacht haben – und das nicht nur im geographischen Sinne. Weil nun mal dem Menschen ein Urbedürfnis innewohnt, sich unter den Schutz jener Mächte zu stellen, die ihn zu lenken wissen, die das Wetter beherrschen und über Tod und Leben entscheiden, wird auch der Neandertaler einen Ansprechgott für seine (Stoß-)Gebete gehabt haben. Waren es erst Berge, Quellen, große Bäume, die dem Menschen heilig waren, suchte er dann Zuflucht bei jenen Gestalten, von denen wir den größten Schutz erwarten: erst bei der Großen Mutter, dann beim allmächtigen Vater.

Weil Menschen zu keiner Zeit den Tod fassen konnten, haben bereits Neandertaler die Verstorbenen bestattet. Sie betteten ihre Liebsten zur letzten Ruhe, überstäubten die Leiche noch mit Ockerpulver und gaben ihr vielleicht einen Stein, eine Muschel in die Hand. Auffällig ist der hohe Anteil von Kindern und Neugeborenen auf den Friedhöfen der Neandertaler im Südwesten Frankreichs und im Nahen Osten.

Für eine rundum „schöne Leich", wie man im Schwäbischen respektierlich sagt, sorgt von seinem Anbeginn an *Homo sapiens*. „Aufgemascherlt" wird da der Tote beerdigt, tritt im Festtagsgewand seine letzte Reise an wie vor ca. 30 000 Jahren auf einem ihrer Friedhöfe 150 Kilometer östlich von Moskau. Etwa 60 Jahre alt war der hochgewachsene Mann, als er starb. Die Archäologen nehmen an, dass er innerhalb seiner Sippe eine hohe Stellung innehatte, weil ihn auch die Beigaben förmlich begraben. Gebettet wurde dieser Verstorbene in Ocker, wie schon die Toten Jahrtausende zuvor; hier in Sungir ist es roter, von dem man offensichtlich reichlich hatte. Wie wohl von allem, denn auf das lederne Totenhemd hatte man 2936 Perlen aus Elfenbein appliziert. In einem anderen Grab entdeckte man eine Lanze aus einem Stück Mammutzahn, 2,40 Meter lang, dazu Waffen, Werkzeuge und Schmuck. Auf diesem Friedhof wurden die Überreste von weiteren sieben Toten gefunden, übersät von 13 000 Schmuckelementen. Unter den Bestatteten waren auch zwei Kinder: Der Junge, der etwa zwölf Jahre alt war, als er starb, hatte einen Gürtel aus 250 Fuchszähnen. Das Mädchen, das zum Zeitpunkt seines Todes sieben Jahre alt war, trug eine Felljacke, die 5200 Perlen aus Elfenbein schmückten. Als Beigaben lagen in ihrem Grab Speere wie aus einem Puppenhaus und perforierte Löwenkrallen.

Wie wohl mit Liebe zu Lebzeiten überschütteten paläolithische Eltern ihre toten Kinder mit Beigaben. Christine Neugebauer-Maresch, die mit der Tänzerin vom Galgenberg ein Sinnbild praller Lebensfreude entdeckt hatte, stößt 2005 auf die Zeichen grenzenlosen Elternleids. Am Wachtberg bei Krems hatten ihre Ausgräber bereits Steinwerkzeuge und damit Spuren früher Menschen gefunden, die sich dort vor etwa 30 000 Jahren saisonal niedergelassen hatten. Neben vielen Knochen stellte sich das Schulterblatt eines Mammuts als Sargdeckel heraus, denn unter ihm waren zwei Babys beerdigt worden. Beide hatte man sorgfältig in Felle gewickelt und mit einer Perlenkette aus Elfenbein geschmückt.

Nicht weit von dem Zwillingsgrab wurde die letzte Ruhestätte eines weiteren Säuglings gefunden. Auch dieses Kind war wohl in Felle gehüllt worden, doch von diesem organischen Material waren nur noch rudimentäre Spuren vorhanden. „Überlebt" hatte der Rötel – roter Ocker, mit dem die Leiche über und über bestäubt worden war. Doch was sind das für Friedhöfe, wo solche Kinderbestattungen fehlen?

Zum Sterben schön ist dieser Platz. Hoch über der Südwestküste Zyperns fühlt man sich der Gegenwart entrückt. Zwar sind die Jets über dem Meer zu sehen, die im Minutentakt weitere Touristen einfliegen, aber die Entfernung ist zu groß, um den Düsenlärm zu hören. Kein Vogel zirpt, keine Zikade schrillt. Unwirkliche Ruhe herrscht in diesen Bergen. Friedhofsruhe.

Die Archäologin flüstert. Der Platz sei einfach magisch, sagt sie. Diese Höhe habe sie magisch angezogen, haucht sie. Magisch ist nicht gerade ein Terminus im wissenschaftlichen Vokabular, aber Diane Bolger gebraucht dieses Wort immer wieder. Hier oben spricht sie auch von Gefühlen, die sie leiteten, was gestandene Ausgräber wie sie normalerweise vermeiden.

In Souskiou ist alles anders. Oberhalb dieses Dorfes, das einst türkisch war, längst verlassen ist und malerisch vor sich hin verfällt, wollte Diane Bolger unbedingt graben. Sie musste hart arbeiten, bis sie ihren Chef überzeugt hatte. Edgar Peltenburg ist Professor an der Universität von Edinburgh, gräbt seit 1976 auf Zypern und hat um Paphos herum eine Reihe jungsteinzeitlicher Dörfer entdeckt.

„Ein Dorf mehr“, dachte er erst, als sie den Berg sondierten und auf die bekannten Kreise, die üblichen Grundrisse neolithischer Häuser stießen. Aber zum einen fehlte diesen uralten Wohnstätten etwas Entscheidendes, zum anderen hatten sie von etwas zu viel. Die Archäologen suchten vergeblich nach dem Familiengrab unter den Wohnzimmern, denn üblicherweise wurden die toten Angehörigen unter der Bettstatt bestattet. Kein einziges Grab in den Rundhäusern, dafür fanden sie aber zuhauf, was man zu diesen Frühzeiten als Beigabe den Verstorbenen mitgegeben hatte: Frauen über Kreuz. Zwei aus Stein skulptierte Frauenkörper, die eine Kreuzform bilden, waren einst der Lieblingsschmuck, den Mann wie Frau an einer Kette am Hals trugen.

Häuser ohne Gräber, dafür aber jede Menge Beigaben darin? Etwas stimmte in Souskiou nicht. Ganz und gar nicht, da waren sich Diane Bolger und Edgar Peltenburg einig. Sie müssen es wissen, denn sie sind förmlich zu Hause in dieser Zeit. In der Steinzeit.

Eigentlich steht diese Insel für den Beginn des Lebens. Auf Zypern soll Aphrodite zur Welt gekommen sein, geboren aus den Fruchtbarkeitsgottheiten des Orients. An ihrem Heiligtum vorbei schraubt sich Diane Bolgers Pickup auf einer Piste durch die Olivenhaine bis über die Baumgrenze. Mit jedem Höhenmeter wird der Staub dichter und die Stille stiller. Nichts mehr ist zu hören, als die Archäologin den Motor abwürgt. Und in die Jenseitsruhe hinein sagt sie es wieder: „Ein magischer Platz.“

Und sie hat recht. Der Platz hat etwas, was verstummen lässt. Hier oben hält selbst der Wind den Atem an. So man wieder Augen für das Hier und Jetzt hat, sind an der Bergflanke die kreisrunden Fundamente der Häuser zu erkennen. Neben diesem Rund an Rund fallen Löcher in einem Felsplateau auf, die hauptsächlich viereckig sind. Von dem steinzeitlichen Friedhof auf diesem Hügel hatten die Archäologen gehört. Eigentlich eine Besonderheit, da ja die Zyprioten zu Vorzeiten die Verstorbenen im Haus bestatteten. Da es aber hieß, dass Grabräuber hier ganze Arbeit geleistet hätten, kümmerte sich keiner um die uralte Begräbnisstätte. Bis auf Diane Bolger. Als sie sich den Friedhof vornahm, registrierte sie mit Bewunderung, was Menschen einst für den Totenkult an Arbeitskraft zu opfern bereit gewesen waren. In den Kalkstein des Felsplateaus waren mit Bohrern aus Hirschgeweih, deren Spuren man nach über 5500 Jahren immer noch sehen kann, Löcher eingekerbt worden, die bis zu drei Meter tief sind. Bettete man sich hier zu Lebzeiten in runden Häusern, zog man für den ewigen Schlaf das Viereck vor: Die meisten der letzten Ruhestätten sind Schachtgräber.

Die Grabräuber hatten vieles übersehen. Die Reste von mehr als 300 Skeletten wurden entdeckt, dazu kostbare Beigaben wie Ketten aus Muscheln mit Kreuzanhänger. Es war nicht der einzige Friedhof auf dem Berg. In der Folge entdeckten die Ausgräber einen zweiten, einen dritten, einen vierten. Allein in der zweiten Begräbnisstätte bargen sie über 1000 Skelette.

Schon einer der Friedhöfe ist zu groß, um fürs Chalkolithikum, die Kupfersteinzeit, normal zu sein. So viele Tote hatte ein einziges Dorf nie zu beklagen. Und für einen Dorffriedhof fehlte ihm etwas Wesentliches: die Kinder.

Kein einziges Kinderskelett finden die Forscher, auch als sie die Suche vertiefen. Diane Bolger und Edgar Peltenburg stehen vor einem Rätsel. Zu Steinzeiten war die Kindersterblichkeit sehr hoch, doch in keinem der vier Friedhöfe entdecken sie die Überreste eines verstorbenen Kindes.

Eines Morgens im Juni 2006, als erste Strahlen der aufgehenden Sonne die Stätte punktbestrahlen, dämmert es auch den Archäologen. Der Weg zwischen den Friedhöfen, diese Distanz war gewollt. Die Friedhöfe gehörten nicht zur Siedlung, die Siedlung war Anbau der Friedhöfe. Sie waren auf eine steinzeitliche Nekropole gestoßen – eine „Metro-Nekropole". 3500 v. Chr. begründet, ist eine derartige Totenkultstätte zu dieser Zeit ohne Beispiel. Die Bestattungshochkultur der Ägypter beginnt erst 1000 Jahre später.

Für Edgar Peltenburg ist der Gräberberg über Souskiou ein steinzeitlicher Heldenfriedhof. Wollten die Sippen einen ihrer Verstorbenen besonders ehren, bestatteten sie ihn auf diesem hochheiligen Berg. Eine Art Beerdigungsindustrie hatte sich hier angesiedelt. Die

Rundhäuser, die hier oben gefunden wurden, dienten ausschließlich Werkstätten. Alles fürs Grab wurde direkt am Friedhof hergestellt, kostbare Beigaben wie Ketten und Keramik, aber keine Waffen. Was man im Leben nicht brauchte, war auch im Tod überflüssig.

Wichtig war wohl der Akt der Beerdigung, das Zeremoniell. Die Wege zwischen den Friedhöfen, entlang des Höhenrückens, lassen auf Prozessionen schließen, mit denen man die Toten zu Grabe geleitete.

Gleich viele Frauen wie Männer wurden auf dem Berg bestattet, alle mit kostbaren Beigaben versehen. Für ein Leben danach, die Reise in die Unterwelt, für die Ewigkeit – was die Menschen damals glaubten, lässt sich nicht ergründen. „Vielleicht erahnen, wenn man die Totenstille hier oben aushält", sagt Diane Bolger sehr laut.

Vielleicht ging es in Souskiou weniger um bedeutende Menschen als um die Bedeutung des Platzes. Wer hier oben beerdigt wurde, war dem Himmel näher, wähnte sich so auf dem kürzesten Weg ins Paradies, auf dem schnellsten Weg zur Wiedergeburt. Souskiou, der beste Platz für die Passage ins Jenseits?

Nach 3000 v. Chr. stirbt in der „Metro-Nekropole" die Kultur. Was dazu führte, kann man nicht mal erahnen. Die Zeiten waren eigentlich friedlich, das Klima gut, kein Anzeichen von Naturkatastrophen, wie Pollenanalysen zeigen. Aber die Ur-Zyprioten scheinen jäh ausgestorben zu sein. Nach 2800 v. Chr. verschwindet mit ihnen auch das Kreuz. Keines dieser typischen Idole wird danach noch hergestellt. Fast drei Jahrtausende später werden dann Menschen vom Festland das Kreuz zum Symbol einer neuen Religion erwählen. Geistesgut als Exportschlager?

IRRTUM 16:

IN DER STEINZEIT GAB ES KEINEN HANDEL

Ein Sortiment feinster Perlen aus Elfenbein geht, gut in Moos verpackt, auf direktem Weg nach Norden, wenn erst der Schnee geschmolzen ist. Die teure Fracht ist für einen Schneider von Totengewändern bestimmt, da der letzte Schrei für die letzte Reise bestickte Leichenhemden sind. Angeblich sollen dort, wo die Winter noch länger sind als hierzulande, auch die Lebenden ihre Fellkleidung mit Perlen schmücken. Doch wandernde Händler erzählen viel, und da sie oft Jahre auf Tour sind, schmücken sie mit der Zeit ihre Geschichten immer mehr aus.

Ein Ballen schweres Leinen muss vom kleinen Meer im Osten, das später einmal das Schwarze heißt, zum großen Meer weit im Westen expediert werden. Die zweite Stoffrolle, in leuchtendem Rosa und Rot eingefärbt, ist für entfernte Verwandte bestimmt, die im Süden an einem wärmeren Meer leben, wo auch die Luft lauschiger, die Sitten und Kleider lockerer sind als hier an den rauen Hängen des Kaukasus.

Ein Restposten hölzerner Speere, eingehüllt in Häute, wird der Nachbarsippe mitgegeben, die gerade ihr Winterlager verlässt, sich zu den Jagdgründen jenseits der eisigen Berge aufmacht. Adressaten sind Wildbeuter am Fuße der Ostalpen, die schon lange auf diese Wunderwaffen warten. Hocherfreut werden sie die Sendung mit barem Flint begleichen, auf die Knollen besten Feuersteins harren die Speerspitzenschnitzer schon seit über 30 Monden, die Lieferung stellt eine handfeste Erinnerung an die Bestellung dar.

Auf der Schwäbischen Alb wird, kaum ist der Frühling da, eine Reihe Handschmeichler in frisches Gras eingeschlagen und auf die Reise Richtung Südwesten geschickt. Den Freunden im Ardèche-Tal haben die runden, ovalen und rautenförmigen Amulette aus Elfenbein so gut gefallen, dass sie den Schmuck wieder und wieder berühren mussten, die seidige Textur spüren wollten, bis der Clanchef nachgab und vier Handvoll dieser Anhänger für seine Großfamilie orderte. Die Urschwaben packen noch eine Flöte dazu, da die Musik dieser Leute, die es tief im Dunkel schaffen, Tiere so zu malen, dass sie einen förmlich anspringen, doch seltsam flach war. Im Austausch hätten sie gern ein paar dieser Höhlenbilder, mal sehen, ob sich einer der Künstler mit einem Extra-Amulett dazu bewegen lässt, einige Zeit bei ihnen auf der Alb zu verbringen. Höhlen haben ja auch sie.

Emmerbier, aus der Traditionstempelbrauerei und abgefüllt in Tierhäute, muss unbedingt heute noch den Trägern aufgepackt werden, denn es soll pünktlich zum großen Sonnenfest im Süden von Anatolien sein, und der Weg vom Euphrat zum Mittelmeer ist weit.

Paläolithisches Sushi in der appetitlichen Frischhaltepackung wird auf der Iberischen Halbinsel den nächsten Läufern vom Meer ins Inland mitgegeben, damit da ihre Brüder, Neandertaler wie sie, mal etwas anderes zu beißen bekommen als das ewige Großwild.

So könnte es gewesen sein. Aber wie diese Möglichkeiten steinzeitlichen Handels, all die vorstellbaren Handschlag-Geschäfte nach Tausenden von Jahren beweisen? Wie nachverfolgen, welche Güter im Paläolithikum von A nach B transportiert wurden, wenn die Dinge, die es in A gab, auch in B vorhanden waren? Zumindest denkbar scheint der Transport von Sushi, stießen doch Forscher in der Aviones-Höhle im Südosten Spaniens auf die Überreste von Muscheln und Meeresschnecken, die da vor etwa 50 000 Jahren ausgepult worden waren. Da sich neben all den Schalen große Packen von Rotalgen fanden, nehmen die Wissenschaftler an, dass die Algen als Verpackung dienten, um die Meeresfrüchte frisch zu halten. Ob sich die Neandertaler so einen Vorrat ihrer Lieblingsleckerei anlegten, Reiseproviant einpackten oder eine Delikatesse versandfertig machten, wird kaum zu klären sein. Vielleicht war die Höhle, die ganz nah am Meer liegt, ja auch eine frühe „Gourmet-Grotte", wo die paläolithischen Genießer die Meeresfrüchte gleich an Ort und Stelle verspeisten.

Handel war mit Sicherheit ein bestimmendes Element in der Entwicklung der Zivilisation. Handel hat nicht allein Waren bewegt, sondern die Menschen weitergebracht. Mit jedem neuen Werkzeug wurde Know-how transportiert, ein anderer Typ von Waffen veränderte das Jagen, und mit Figuren und Amuletten verbreiteten sich auch die Ideen dahinter. Sich auszutauschen funktioniert ja nicht allein durch Sprache. Der Handel hat die Hochkulturen angeschoben, denn er war es, der die Menschen zu jener Innovation trieb, die eine Hochkultur erst ausmacht: die Schrift. Um den Überblick und ihr Vermögen zu behalten, konnten die Kaufleute doch gar nicht anders, als früh schon den Warenverkehr aufzuzeichnen, die Waren zu kennzeichnen. Zu zeichnen, denn auch der Kunde sah es gern, wenn er außen schon sehen konnte, was das Paket enthielt. Aus Bildern auf den Tonetiketten entwickelte sich dann vor 5000 Jahren im Zweistromland die Proto-Keilschrift, die noch nicht einer einzigen Sprache zugerechnet wird, sondern damals wohl noch universal verstanden wurde.

Jungsteinzeitlichen Krämern ist die erste Schrift zu verdanken, aber vielleicht hatten ja schon die Händler der Altsteinzeit eine Art Buchhaltung, die sich uns nur noch nicht erschlossen hat. Vielleicht besaßen auch sie bereits Rechnungsbücher, die wir nur nicht als Bücher erkennen. Und vielleicht waren die Höhlen nicht nur Kathedralen, sondern auch Kontore. All die vielen geometrischen Zeichen an den Felswänden Schaubilder frühen Warenverkehrs. Kurven, die damals schon Gewinn und Verlust veranschaulichten. Geschäftsdiagramme einer paläolithischen Vatikansbank. Gar nicht so abwegig, liegen doch auch heutzutage Glaube und Geld nahe beieinander.

Am Anfang muss der Handel gewesen sein. Schon bei Lucy war sicher das Will-haben-Gen stark ausgeprägt, das ihre und unsere äffischen Verwandten so begehrlich nach allem Neuen, Bunten, Glitzernden greifen lässt. Was zu Steinzeiten die urmenschliche Must-have-Konditionierung nicht zum Tragen kommen ließ, war das begrenzte Gepäck. Wildbeuter wanderten, hatten also nur bei sich, was sie tragen konnten, ihre Habe war eine bewegliche – und das im ursprünglichsten Sinne des Wortes. Ur-Kavaliere wird es kaum gegeben haben, die sich die Koffer ihrer Angebeteten auch noch aufluden.

Was werden die Jäger und Sammlerinnen, die Jägerinnen und Sammler in ihren ledernen Säcken mit sich geführt haben? Waffen und Werkzeug waren wahrscheinlich das Wichtigste, dazu viele Felle, um sich auch sommers warm zu betten. An Zierart höchstens die kleinen Frauenfiguren, die vielleicht auch als Schutzgeister dienten. Ein paar Becher aus Baumrinde, ansonsten kein Geschirr, denn bis der Mensch endlich Gefäße töpferte, sollten noch Jahrtausende vergehen, was nicht daran lag, dass ihm zu Altsteinzeiten der Werkstoff Ton unbekannt war. Lehm war bereits eine Art Knetmasse in der Kinderstube der Kunst. Schon vor 29 000 Jahren wurde aus Ton eine dieser kleinen, aber ausladenden Venus-Statuetten geformt, die 1825 im mährischen Dolní Věstonice gefunden wurde. Kein Zufallsprodukt, denn der Künstler kannte seinen Werkstoff gut, hatte er doch, um Risse im Material zu vermeiden, dem Lehm Knochenmehl beigemischt. Auch in Kroatien sind Ausgräber vor kurzem in der Höhle Vela Spila auf 36 Fragmente von Tierfigürchen gestoßen, die vor 17 000 Jahren aus Lehm modelliert worden waren. Ob aus Absicht oder Versehen – diese Steinzeitkünstler haben ihre Werke mit Fingerabdrücken signiert.

Große und schwere Gefäße aus Ton wurden erst dann gefertigt, als man mit dem Beginn der Sesshaftigkeit in feste Häuser zog und sich endlich unbewegliche Habe leisten konnte. Eine Ausnahme machen nur jene, die später das Porzellan erfinden werden. Die Chinesen, sprich die Jäger-und-Sammler-Gesellschaften im zukünftigen Reich der Mitte, sind auch Vorreiter in Sachen Töpferware.

Früher Handel sei immer nur Tauschhandel gewesen, so Adam Smith, der Schotte und Ökonom war, was in dieser Kombination vor 250 Jahren die Lehre der klassischen Nationalökonomie und die der freien Markwirtschaft hervorbrachte. Menschen hätten anfangs Waren untereinander getauscht, und als ihnen das zu kompliziert wurde, sei das Geld erfunden worden, das dann Kredite möglich machte. Ihm widerspricht nun vehement der Amerikaner David Graeber, der Professor in Yale war und jetzt in London lehrt. Anthropologen wie er hätten Smiths Hypothese immer wieder getestet, und ihre Forschung zeige, dass der Kredit vor dem Geld dagewesen sein muss. Graeber hat frühe Schuldensysteme untersucht, was ihn schließlich zu einem der Köpfe der Occupy-Bewegung machte, die sich gegen die Macht der Banken und ihren Einfluss auf die Politik richtet. Jäger und Sammler hätten nie Waren gegen andere eingetauscht, so David Graebers Erkenntnis. Auch wäre zu Vorzeiten nie mit barer Muschel gezahlt worden, denn die Währung der Steinzeit sei das Vertrauen gewesen. „Tatsächlich gab es zuerst Kreditsysteme. Menschen haben einander vertraut, sich Dinge geliehen und geholfen. Und sie vertrauten ganz fest darauf, Verliehenes zurückzubekommen." Dieses Vertrauen wurde jäh zerstört, als Stückchen von Metall mit einem aufgeprägten Wert in Umlauf kamen. „Das Geld korrumpiert die menschlichen Beziehungen, denn aus Versprechen und Zusagen, beides soziale Prinzipien, wurden nun Schulden, also finanzielle Prinzipien."

Ob eingetauscht oder per Vertrauenskredit erworben – in der Steinzeit handelte man bevorzugt mit Steinen. Steine, die den Wildbeutern sehr viel wert, ja das Wertvollste überhaupt waren: edle Steine wie Ocker, dessen Farbe man aus kosmetischen Gründen schätzte, aber auch für Bestattungen brauchte; andere farbige Steine, die zum Fertigen von Amuletten sehr gefragt waren. Doch der kostbarste aller Steine war der Feuerstein, auch Flint oder Silex genannt, denn aus seinen Knollen ließen sich das feinste Werkzeug, die schärfsten Spitzen für Pfeile und Lanzen herausschlagen. Weil wohl bereits zu Steinzeiten der merkantile Grundsatz galt, dass Mangel die Nachfrage erhöht, wurde der Obsidian zum begehrtesten Stein. Schwer kam man in Europa an ihn heran, da das vulkanische Gesteinsglas fast ausschließlich auf den Inseln im Mittelmeer zu finden ist. Und nach Sizilien oder Milos in der Ägäis überzusetzen war in der vornautischen Zeit eine abenteuerliche Expedition. Für den Obsidian lohnte sich das Risiko, denn das tiefschwarze Gestein lieferte Klingen, die den Ruf hatten, Stein leicht wie Fleisch zu durchschneiden. Klingen aus Obsidian und Feuerstein werden noch heute auf besonderen Wunsch hergestellt. Chirurgen schwören auf sie als die schärfsten aller Skalpelle – für sie ist der „Stahl der Steinzeit" besser als der tatsächliche der Jetztzeit.

IRRTUM 17:

IN DER STEINZEIT WURDEN KEINE METALLE VERARBEITET

Der Ausgräber von Troja nimmt die nächste Bahn. Noch heißt der Zug Orient-Express, obwohl er längst keiner mehr ist, aber doch die schnellste Verbindung zwischen Istanbul und Belgrad, will man nicht mit dem Auto über den Balkan jagen. Ernst Pernicka hat es eilig, wo er am liebsten alles ruhig angeht, ein Anruf gestern spät am Abend hat ihn um seinen trojanischen Frieden gebracht. Erst hielt es der Österreicher für Schmäh, was die Frau ins Telefon gellte. Die Verbindung war lausig, was sie „überschrie", als wolle sie die Distanz zwischen Serbien und der Türkei allein mit ihrer Lautstärke überbrücken. „Sie müssen sich das einfach ansehen!", versuchte sie ihn, nur wenig leiser, zu beschwören, doch wegen ihres Anliegens gingen ihr Stimme und Temperament durch. „Das glaubt mir doch sonst keiner!", wurde sie wieder laut, bevor ihre Stimme erstarb. „47 Werkzeuge aus Kupfer, vor 7500 Jahren hergestellt", flüsterte sie dann nur noch.

Hatte er das richtig verstanden? Werkzeug aus Kupfer? 7500 Jahre alt? Das konnte nicht stimmen, und so fragte Ernst Pernicka mehrmals nach. „Kupfer! 7500 Jahre!", lautete die bestimmte Antwort.

Kupfer war zwar das erste Metall, das der Mensch zu gewinnen und bearbeiten wusste, aber 7500 Jahre ist nun keines der Werkzeuge und Behälter alt, die Ernst Pernicka kennt. Und er kennt sich aus, denn er ist Archäometallurg, einer der Großen seines Faches, das sich mit frühen Legierungen befasst. In Troja forscht er an der richtigen Stelle, da dieser Platz an den Dardanellen als wichtiger Umschlagplatz für Metalle im Altertum angesehen wird. Die Verkaufsschlager waren Kupfer und Zinn, deren Mix jene revolutionäre Legierung ergibt, die einer ganzen Ära den Namen verlieh. Ob nun Troja in der Bronzezeit, dem ersten der „metallischen" Zeitalter, wirklich das „vielreiche" war, wie Homer es besingt, konnten die Ausgräber noch nicht schlüssig nachweisen.

Gediegenes Kupfer, wie es pur, also nicht „vererzt" in der Natur vorkommt, wurde bereits seit dem Neolithikum für Schmuckstücke verwendet. Das rötliche Metall aus Erzen herauszuschmelzen lernte der Mensch vor etwa 6700 Jahren – jedenfalls galt diese Zahl als sicher bis zu dem unverständlichen Anruf bei Ernst Pernicka, was aber nicht an der Leitung lag. Die Vorreiter der Kupfergewinnung und -verarbeitung seien, so meinte Ernst Pernicka noch gestern, Schmiede im Nahen Osten und auf der Westseite des Schwarzen Meeres gewesen, wie Grabbeigaben im bulgarischen Varna dokumentieren: Zwischen 4600 und 4200 v. Chr. bekamen hier Tote kostbares Geschmeide und edles Geschirr aus Kupfer mit ins Grab.

Und jetzt sollen Kupferkocher bereits 1000 Jahre früher in Serbien am Werk gewesen sein? An der Datierung gibt es wohl nichts zu deuteln, denn nicht ein Wald-und-Wiesen-Institut hat sie vorgenommen, sondern ein renommiertes in Oxford.

Ernst Pernicka fasst sich an den Kopf – und das nicht das erste Mal seit gestern. Sollte all den Archäologen, seinen Kollegen, entgangen sein, dass der Mensch bereits so früh Kupfer gefördert, es in Form gegossen und dann mit Meißel und Hämmern aus Stein bearbeitet hat? Vor 7500 Jahren und nicht erst in der letzten Phase der Jungsteinzeit, dem Chalkolithikum, das von einer Reihe von Wissenschaftlern nicht so richtig zur Steinzeit gerechnet wird, weil es schon das Wort „Kupfer" im Namen hat. Aber auch noch das Wort „Stein": Kupfersteinzeit.

„Und jetzt Kupfer vor der Kupfersteinzeit!", staunt Ernst Pernicka weiter. Von 47 Werkzeugen hat die Frau gesprochen, 47 Stück, wo schon eines eine riesige Sensation wäre. Artefakte aus Metall sind selten, weil dieser kostbare Werkstoff zu allen Zeiten immer wieder recycelt, das heißt eingeschmolzen wurde, um neues Werkzeug, moderneres Geschirr und zeitgemäßeren Schmuck zu fertigen.

In Niš verlässt Ernst Pernicka den Zug, wo er schon sehnsüchtig von Julka Kuzmanovic-Cvetkovic erwartet wird, mit der er am Telefon sprach – genauer gesagt sprach eigentlich nur sie wie jetzt, denn sie hat viel zu erzählen, ist sie doch die Leiterin der Grabung in der Nähe des Dorfes Pločnik, jener Gemeinde, die bald nicht nur in Fachkreisen für einen der größten Schatzfunde der letzten 100 Jahre stehen wird. Was der frühen Menschen Unglück, ist oft der Archäologen Glück. Im Fall von Julka Kuzmanovic-Cvetkovic erwies sich ein Beben als Segen, das vor 7000 Jahren diese Siedlung in Südserbien jäh zerstörte. Einfallende Hausmauern konservierten den Alltag und lieferten quasi Momentaufnahmen aus der Jungsteinzeit. Wie die Küchen aussahen, wie sie ausgestattet waren, welches Geschirr in den Regalen stand, wer im Salon den Herrgöttinnenwinkel in Beschlag nahm, was der Schmied in seiner Werkstatt gerade in Arbeit hatte, in den Schmelzöfen schmolz und was die Arbeiter dafür im nahen Bergwerk förderten – all das war zu sehen, als die uralten Trümmer erst einmal weggeräumt waren. Zwar hat ein Großfeuer, ausgelöst durch das Beben, die neolithische Tonware, die sich über eine Fläche von 120 Hektar erstreckte, in Schutt und Asche gelegt, den Gegenständen aus Metall aber konnten die Flammen wenig anhaben. Und die schönen „Sammeltassen" aus Ton wurden einfach noch einmal gebrannt.

In der nahen Kreisstadt Prokuplje hat die Ausgräberin das alte Postamt kurzerhand in ein Museum umfunktioniert, wo sie nun Ernst Pernicka ihren Hort zeigt. Beile, Hämmer, Hacken und Nadeln, alle aus Kupfer und – der Metallurg aus Troja streicht bewundernd über die Funde – stolze 47 Teile. „Tatsächlich sensationell", sagt Pernicka da nur noch. Die Lieblingsstücke der Archäologin sind aber nicht aus Metall. Vielmehr hängt ihr Herz an einer Venus-Figur aus Keramik, so üppig wie ihre Schwestern aus der Altsteinzeit. „Sicher nicht nur für mich eine Göttin“, ist die Einschätzung der Ausgräberin. Ebenso formschön sind die Henkeltassen, deren Design zeitlos zu sein scheint.

Das neolithische Bergarbeiterdorf gleich Schmiedehochburg war bereits 1927 beim Bau einer Eisenbahnlinie entdeckt worden, aber erst seit 1996 wird gezielt gegraben. Da erst ein Bruchteil der Stätte erforscht ist, erwartet die Ausgräberin, erwarten die Kollegen weitere Schätze aus Kupfer.

Metall war für die Menschen von Anbeginn an ein magisches Material. Je seltener, desto begehrter, was sich in der Bronzezeit am Eisen ablesen lässt. Eisen war vor seiner Zeit, die etwa 1000 v. Chr. beginnt, nur als Meteoreisen bekannt und kostbarer als Gold und Silber. Pharaonen nahmen ihren Lieblingsschmuck mit ins Grab, und so wurden ihre Mumien mit rostigem Kleinod an den Fingern aufgefunden.

Kupfer war auch ein Statussymbol. Ötzi, der berühmte Mann aus dem Eis, scheint zu seiner Zeit der neolithischen High Society, den oberen Zehn seines Clans angehört zu haben, denn er trug ein Beil mit fein gearbeiteter Kupferklinge bei sich. Zu Tode kam er an der Schwelle von der Steinzeit zum ersten metallischen Zeitalter, das um 3000 v. Chr. beginnt. In Europa fängt die Bronzezeit allerdings erst 1000 Jahre später an.

Die Zeiten ändern sich jäh, wenn der Mensch eine folgenschwere Entdeckung macht. Ob es nun Zufall war oder das Ergebnis von zahlreichen Versuchen – Schmiede mischen dem Kupfer nun Zinn bei und gewinnen die harte Legierung, die einer ganzen Ära den Namen gibt. Mit der Bronze ist die Steinzeit Geschichte und die Metallzeiten brechen an. Und als hätte die Welt nur auf den neuen Werkstoff gewartet, geschieht um 3000 v. Chr. überall Erstaunliches. An Euphrat und Tigris entstehen die ersten Großstädte; am Nil wird mit der Vereinigung von Ober- und Unterägypten der Grundstein zum späteren Großreich gelegt; am Unterlauf des Indus manifestiert sich mit Harappa ein Großstadtstaat; auf Kreta kündigt sich die minoische Kultur mit formidabler Keramik an. Als hätten die Menschen nun lange genug

Anlauf genommen, werden sie jetzt zu „Überfliegern“ in Sachen Zivilisation und Kultur. Doch leider kommen sie auch auf weniger rühmliche Dinge, die uns bis heute prägen. War das Kupfer viel zu weich für Waffen, kann man mit Bronze ordentlich aufrüsten. Jetzt können die Kriege beginnen.

IRRTUM 18:

DIE STEINZEIT WAR EIN PARADIES FÜR MÄNNER

Männer grillen. Schultern werden geklopft wie auch die Lappen blutigen Fleisches. Urige Gesellen mit Drei-Stunden-Bart und in Fellwesten kneten Hack, überschütten es mit Salz, bevor sie die Ballen liebevoll auf den Rost drapieren. Voll Leidenschaft wird in der Glut gerührt, das Feuer angefacht. Wer schon mal einen Mann am Blasebalg sah, weiß, was Hingabe ist. Unter sich sind sie ganz bei sich. Männer, die auf Steaks stieren. Die Bierflaschen artgerecht mit den Zähnen öffnen. Männer in ihrem Element, die Wohlgefühl mit Urlauten wie „Boah" und „Eyy" ausdrücken. Sie machen wenig Worte, genau genommen nur zwei: „Bierisalle, Schatz!"

Als Barbecue ohne Ende stellen sich Männer die Steinzeit vor, als wunderbare Zeit ohne Versorgungslücken in Sachen Eiweiß, als Zeit, in der Fleisch jeden Tag auf dem Speiseplan stand. Steaks bis zum Abwinken und nie Vegetarisches, das einem jetzt mit Das-ist-doch-so-gesund-Gesäusel aufgejubelt werden soll. Und zwischen all den Gängen ging der Mann zur Jagd, was sich als eine Art Ur-Code in seinen Geschlechtsgenossen auf ewig verwurzelt haben muss, greift doch schon der kleine Mann instinktiv zu Waffenspielzeug, und für den großen ist dann die Großwildjagd das Höchste.

Fleisch durchwachsen, Stimmung prächtig? Die Steinzeit eine immerwährende Grillparty? Wenn man(n) sich da mal nicht vertut. Wäre er Lucys Gefährte gewesen, hätte es nur trocken Gras und ein paar harte Wurzeln zu beißen gegeben. Zwar hätte er im Garten Eden gelebt, sein Dasein aber wäre nicht unbedingt paradiesisch gewesen. Zu Beginn der Menschheitsgeschichte konnte er mit einer Körpergröße von 1,10 Metern nur eines kultivieren: das Reißausnehmen.

So er es in alle Rinden eingeschnitten hätte – hier ein Ausschnitt aus dem Tagebuch des „Australopithecus lucius“: „Ich muss von den Bäumen runter! Ich schlafe nicht mehr gut da oben, bin auch in der letzten Nacht wieder zwei Mal abgestürzt. Bequem ist was anderes, als sich immer an Äste zu klammern. Neulich habe ich mir unter unserem Schlafbaum eine Kuhle gemacht, wunderbar mit Laub ausgepolstert, und da zum ersten Mal, seit ich denken kann, Stunden durchgeschlafen. Lucy hat mich dann unsanft geweckt und wieder auf den Baum gezerrt. Sie hat ja recht. Nur hoch über dem Erdboden sind wir vor all den Vierbeinern sicher, die so viel größer sind als wir. Aber an Schlafen in der Kuhle könnte ich mich schon gewöhnen. Muss mal mit Lucy reden, vielleicht finden wir ja eine Lösung. Sie oben, ich unten? Sie wacht, ich träume? Auch muss sie damit aufhören, mir immer Tempo zu machen! Erst gestern habe ich wegen der Hitze wieder geschäumt – und das im wahrsten Sinne des Wortes. Weil mein Haarkleid zu dicht ist, schäume ich, statt zu transpirieren. Muss mir schleunigst was einfallen lassen, um die Körperhaare loszuwerden. Wenn ich renne, schäume ich; schäume ich zu viel, falle ich um und bin dann für Tage ziemlich malade. Es sei die Hitze, die hätte mich niedergeschlagen, erklärt mir Lucy dann immer. Und ich frage mich und noch nicht sie: ‚Warum macht sie mir immer so Beine? Warum muss ich wie eine vom Löwen verfolgte Wildsau durch den Busch laufen?‘ Auch wenn mein Rekordtempo von Segen ist, so er mich tatsächlich mal verfolgt. ‚Du bist es doch, der so scharf auf Blutiges ist‘, höre ich sie schon schnippisch sagen. Seit wir festgestellt haben, dass das, was Löwen essen, ziemlich gut schmeckt, müssen wir natürlich schnell zur Stelle sein, wenn sie eines ihrer Gelage haben. Ein paar Brocken Fleisch fallen dann meist für uns ab. Lucy allerdings mag lieber die Maden, die auch immer mitessen. Aber solche Festmahle sind leider viel zu selten. Also mümmeln wir tagein, tagaus Gras, das weiterhin unsere Hauptmahlzeit ist. Darüber will ich mich aber gar nicht beklagen. Nur das Schlafen auf den Bäumen muss ein Ende haben! Mein Rücken macht das nicht länger mit."

Das Schulterblatt von Lucy und den Ihren zeigt, dass sie noch aktive Baumkletterer waren. Erst *Homo erectus*, der 1,4 Millionen Jahre später lebte, hat dann ein eher menschliches Schulterblatt, das viel besser für horizontale Bewegungsabläufe geeignet ist. Mann kann jetzt also arbeiten. Muss arbeiten, denn um sich im Artengefüge einen Vorteil zu verschaffen, muss er aus hartem Stein Werkzeug herstellen. Mit dem Faustkeil lässt sich fein das Fleisch filetieren, das *Homo erectus* nun regelmäßig zu sich nimmt. Meist ist es das angefaulte, das Raubtiere und Maden übriggelassen haben. Der Hunger treibt es rein, doch Geschmacksknospen entwickeln sich ohnehin schwerlich bei Tartar paläolithisch. Dann und wann aber beschert der Blitz ihm Grillfleisch, das so viel besser schmeckt als das rohe. Jetzt tut ihm neben dem Rücken auch noch der Kopf weh, weil er sich den darüber zerbricht, wie er das bewerkstelligen kann, was der Blitz schafft, und wie er vor den Löwen an frisches Fleisch kommt.

Sind diese Hürden erst einmal genommen, könnte die richtig schlaraffenlandartige Steinzeit anbrechen, wären da nicht die Erdabkühlung und die vielen Zipperlein. Der Rücken tut dem frühen Menschen noch mehr weh, was nicht nur am aufrechten Gang liegt, auch nicht an der aufkommenden Eiseskälte – nein, sein Kreuz hat es jetzt auszubaden, dass er ein erfolgreicher Jäger geworden ist. All das Wildbret, das schöne Fleisch von Flusspferd und Wollnashorn muss ja in Sicherheit gebracht, sprich zum Lager geschleppt werden. Lange konnte er das bessere Leben nicht genießen. Das Durchschnittsalter eines Mannes betrug 35 Jahre; mit Anfang vierzig, was man heutzutage das beste Mannesalter zu nennen pflegt, war er bereits ein Greis.

Als dann Europa vereist, stattet die Evolution den Menschen mit mehr Wärmepolstern aus, packt auch mehr Gehirnmasse in ihn hinein, auf dass er für sich Auswege aus der Klimakatastrophe finden kann. Aus Neandertalers Tagebuch, so er eins gehabt hätte: „Gerade aus dem Winterschlaf erwacht. Die Sonne steht schon hoch, wird Zeit, dass wir wieder etwas zu futtern bekommen. Die letzten Streifen getrockneten Fleisches haben wir, schätz ich mal, vor drei Monden untereinander aufgeteilt. Bis dahin hatten wir uns die Finger wundgestichelt, und die Muskeln schmerzten, wie immer, wenn der Schnee uns kaserniert. Fellwams nach Fellwams haben wir gestichelt. Als dann der Tag auch nur noch Nacht war und wir nichts mehr zu essen hatten, blieb uns wie alle Winter nur eines: den Hunger zu verschlafen. Jetzt will ich erst mal nachsehen, wie viele von uns überhaupt wach werden. Und wer aus unserer Sippe schon in den Schlaf, der nie aufhört, hinübergeglitten ist. Wird Zeit aufzustehen, zu jagen! Was tut mir mein Kreuz weh vom vielen Liegen!"

Der Anthropologe Brian Fagan vertritt eine gewagte These: Seines Erachtens ist es durchaus denkbar, dass die Menschen der Altsteinzeit Winterschlaf hielten. Warm eingepackt in Felle, verdösten sie die kalte Zeit, fuhren wie ein Bär die Betriebstemperatur des Körpers herunter und brauchten deshalb kaum Nahrung. So verschlief eventuell auch ein Neandertaler einen großen Teil seines kurzen Lebens. So er Pech hatte, machten es Feinde noch kürzer. Diese konnten aus der eigenen Sippe stammen oder aus den Reihen dieser Neuankömmlinge, die vor 40 000 Jahren begannen, ihm in Europa seine Heimat streitig zu machen.

Neandertaler meucheln ihre Brüder, essen Anverwandte, sogar ihre Kinder – diese Horrorstory machte schnell die Runde, als 1899 in der Krapina-Höhle in Kroatien die Überreste von mehreren Neandertalern gefunden wurden. An ihren Gebeinen entdeckte man verräterische Schabespuren, wie sie eigentlich nur dann entstehen, wenn Fleisch vom Knochen gekratzt wird. Dazu schienen viele der Röhrenknochen regelrecht aufgebrochen zu sein, „um an das nahrhafte Mark zu kommen", da waren sich die Neandertaler-Verächter sicher. Der Unmensch als Menschenfresser passte zu gut ins düstere Bild, das lange Zeit und heute immer noch Wissenschaftler vom Neandertaler zeichne(te)n. Jene Handvoll Forscher, die ihm wohlgesinnt war, beeilte sich, ihn als „rituellen Kannibalen" zu verteidigen.

Menschenfresser, ja oder nein? Jörg Orschiedt vom Archäologischen Institut der Universität Hamburg wollte es doch genauer wissen, nahm 2008 die rund 900 Fragmente der Neandertalerknochen unter die Lupe und kam zu folgendem Ergebnis: „Die makroskopische Analyse zeigt jedoch, dass die Spuren hinsichtlich ihrer Orientierung und der anatomischen Zuordnung nicht mit Schnittspuren übereinstimmen, die bei einer Zerlegung und Entfleischung von Tieren entstehen." Übersetzt heißt das: Kein Mensch hat sich mit Fleischschabern an diesen Knochen zu schaffen gemacht. Eher war es Tierverbiss oder der Zahn der Zeit. Ein kleines Aber fügt der Prähistoriker noch an: „In zwei Fällen sind tatsächlich Zerlegungsaktivitäten in [sic] Schulterbereich nachweisbar. Doch der Grund für diese Manipulation erscheint unklar und könnte allenfalls in einem rituellen Kontext zu suchen sein." Also war der Neandertaler nur ein bisschen Kannibale? Nahm nur einen Bissen von seinem Onkel? Und wenn, dann nur aus rituellen Gründen?

Wohl mehr als seinesgleichen hatte der Neandertaler den *Homo sapiens* zu fürchten. Vor 50 000 Jahren, der moderne Mensch war bereits bis in die Flussauen zwischen Euphrat und Tigris vorgedrungen, da tötete er einen Neandertaler. Ob es sich um einen Unfall oder ein Verbrechen handelt, wird sich kaum klären lassen, fest steht aber, wer Täter und wer Opfer war, auch über die Tatwaffe besteht kein Zweifel.

Nie war der Andrang so groß wie zu diesem Kurs in experimenteller Archäologie an der Duke University in North Carolina. Die Fragestellung, die so viele Studenten anlockte, lautete: Wer und was killte den Neandertaler? Per Experiment wollte Steven Churchill herausbekommen, welche Waffe die Durchschlagskraft besessen hatte, um derart tiefe Spuren an der Rippe des Neandertalers zu hinterlassen, dessen wenige Überreste in den fünfziger Jahren im Irak gefunden worden waren. Für ein Semester wurde das archäologische Seminar zum forensischen Institut. Im Land der Schießfreudigen schossen nun Studenten mit altsteinzeitlichen Waffen auf tote Schweine, weil deren Brustkorb dem des Menschen ähnlich sei, so lakonisch der Projektleiter. Nach vielen Versuchen wurde denn die Tatwaffe ermittelt: Es war ein Speer, wie ihn nur der *Homo sapiens* haben konnte. Ein Hightech-Speer, der auf eine Art paläolithische Armbrust gespannt, mit vielfacher Kraft auf sein Ziel zuschoss. Das Projektil, vermutlich aus Feuerstein, bohrte sich tief in die Brust des Neandertalers.[10]

Ötzi wurde in den Rücken getroffen. 45 000 Jahre hatte der *Homo sapiens* daran gefeilt, seine Waffentechnik zu verbessern. Die späte Steinzeit scheint eine Zeit des Hauens und Stechens gewesen zu sein, denn 24 Stunden vor seinem Tod war Ötzi bereits in einen Kampf verwickelt, der ihn schwer zeichnete: Archäopathologen fanden tiefe Kratzspuren auf seinem ganzen Körper.

Der Mann aus dem Eis wurde der gläserne Steinzeitler, da er seit seiner Entdeckung 1991 wieder und wieder untersucht wird. Vor kurzem erst haben Wissenschaftler vom Zentrum für Evolutionäre Medizin in Zürich Ötzis Gebiss begutachtet, und das, was Zahnärzte bei Jetztzeitpatienten moniert hätten, erfüllte die Schweizer Forscher mit Freude: „Er hatte ja auch schon Karies und Parodontitis!" Dazu war einer seiner Frontzähne abgestorben – ob auch diese Verletzung von einem Faustschlag stammt oder Ötzi einfach zu stark an einem Knochen nagte, wird sich wohl nie klären lassen. Keiner seiner Zähne war repariert, was wohl zu Steinzeiten durchaus üblich war, wie ein neuer Fund aus Slowenien zeigt. Neolithische Zahnärzte hatten da vor 6500 Jahren ein Loch in einem Backenzahn mit einer Plombe aus Bienenwachs gefüllt. Weil Ötzis Brot grob und sein Brei körnig, seine Nahrung also eine „abschleifende" war, konnte er sich die Zahnbürste sparen, die man ohnehin noch nicht erfunden hatte.

Ötzi litt nicht nur an Zahnfleischbluten. Er hatte Borreliose, eine Infektionskrankheit, die durch Zecken übertragen wird und die ihm ein schlimmes Siechtum beschert hätte, wäre er nicht so früh zu Tode gekommen.

Das Schicksal hat Ötzi übel mitgespielt – und das auch noch im Tod. Seine Mumie wurde erst mal nicht gerettet, sondern ging fast gänzlich verloren. Alles, was schiefgehen kann, ging bei der Bergungsaktion schief. Eine Chronologie des Glücks und der Pannen: Am 19. September 1991 wird Ötzi von zwei deutschen Bergwanderern in den Ötztaler Alpen entdeckt. Sie stolpern fast über die Leiche, eine ziemlich verschrumpelte, die da nackt halb aus dem Eis ragt. Überstürzt steigen sie ins Tal ab und informieren die Polizei im nächsten Dorf. Es ist ein Donnerstag, und die Amtsposse „Da könnt ja ein jeder auferstehen“ kann beginnen.

Am Freitag landet der erste Hubschrauber auf dem Gletscher, die Polizei setzt einen Presslufthammer zur Bergung der Leiche ein. Bei dem Versuch, Ötzi aus dem Eis zu lösen, wird seine Hüfte angebohrt und sein Oberschenkelknochen freigelegt. Nach einer Stunde ist der Vorrat an Pressluft erschöpft, was dann – die Archäologen schicken noch heute Dankgebete gen Himmel – die weitere Zerstückelung Ötzis stoppt. Dann beginnt das Wochenende, was heißt, dass kein Hubschrauber kommt, denn da ist er in Bereitschaft, leichtsinnige Bergsteiger zu bergen. Ein Großteil der Bergsteiger macht sich in diesen Tagen auf zu Ötzi, denn die Nachricht von der Leich’ am Tisenjoch hat sich wie ein Lauffeuer verbreitet. 22 Wanderer besuchen am Samstag und Sonntag Ötzi, manche davon wiederholt, wie später recherchiert wird. Teile seiner Kleidung werden gefleddert, Ötzis Becher aus Birkenrinde und sein Kupferbeil in den nächsten Dörfern „in Sicherheit gebracht“.

Am Montag dann landen gleich zwei Hubschrauber auf dem Gletscher, einer, der bergen soll, und einer, der die Bergung filmt. Der Kameramann dokumentiert, wie die Retter mit einem Skistock an Ötzi herumstochern, auch an seinem freiliegenden Oberschenkelknochen zerren, um ihn aus dem Eis zu befreien. Den Stock mussten sich die Bergretter von Wanderern leihen, da sie keine Gerätschaften dabeihatten. Endlich aus dem Eis geholt, wird Ötzi in einen Plastiksack verpackt und eins, zwei in den Helikopter geworfen. Weil Ötzis Bogen viel zu groß für den Sack ist, zerbricht ihn ein Retter einfach in zwei Teile. Der Bestatter drunten im Tal bricht dann noch beide Arme Ötzis, um die „schiache Leich" in den Sarg zu bekommen.

In der Gerichtsmedizin wollen die Amtsärzte Ötzis Leichnam umgehend zur Bestattung freigeben, da eine Obduktion sich ja erübrige, weil er zu alt für eine gerichtliche Untersuchung sei. So er ermordet worden sei, sei ja der Mörder auch längst tot, argumentieren sie. In letzter Minute retten die Archäologen dann von Ötzi, was noch zu retten ist. Die Wissenschaftler stürzen sich auf ihn, und Ötzis ewige Unruhe beginnt.

IRRTUM 19:

DIE STEINZEIT WAR EIN PARADIES FÜR FRAUEN

Es war einmal ein Land, in dem Frauen das Sagen hatten, darum Friede nicht herrschte, sondern fraute, alle sich freuten, auch weil es nie an Eierkuchen mangelte. Wo die Donau sich schwer dem Schwarzen Meer entgegenwälzt, plätscherten einst leicht die Gespräche dahin, schwebte silberhelles Lachen über den Wassern, gab sich eine jede dem Frohsinn hin. Freiheit und Schwesterlichkeit hatte sich dies Land groß auf seine Fahnen geschrieben, Gleichheit ließ man unter die Tische fallen, die sich bogen unter all dem Gemüse, das den Landfrauen gelungen war. Keinem der wenigen Männer wäre es in den Sinn gekommen, das Thema „Männerquote" auch nur anzuschneiden, da die Frauen als Regierende, Priesterinnen, Große und kleine Mütter einfach omnipräsent waren. Alle Waffen hatten sie verbannt, Rivalität aus dem Verhaltensmusterkatalog gestrichen. Gar zu gern hätten sie auch den Tod abgeschafft, aber das stand dann doch nicht in ihrer Macht. Aber sie gaben sich nicht geschlagen, machten ein Fest auch aus der Leichenfeier. Als würde Freude ewig währen, noch über den Tod hinaus.

Was wie ein Märchen klingt, firmiert(e) unter Wissenschaft. Die schöne Geschichte wurde als Frühgeschichte gelehrt, ist aber die Vergangenheitsschöpfung einer Archäologin. Marija Gimbutas, 1921 in Litauen geboren, kompensierte ihre Kriegserlebnisse in diesem Konstrukt einer idealen Welt, für das sie Prähistorie, Linguistik, Ethnologie und Religionsgeschichte zur Vorstellung eines „Alteuropas" verquickte, eines Reiches, das ausgangs des Neolithikums im Westen des Schwarzen Meeres existiert haben soll. Dies Finale der Steinzeit muss ein glorioses gewesen sei; wo Frauen zeigten, welch perfekten Staat sie schaffen konnten, wenn ihnen nur das Ruder überlassen wurde. Alles wurde da von Frauen neu geordnet und erschaffen, so auch die Schrift, denn nach Marija Gimbutas wurden die allerersten Schriftzeichen in Alteuropa kreiert. Sie, die einen Bestseller über die Göttinnen Alteuropas schrieb, wurde bald selbst als Göttin verehrt, war dann eine der frühen Frauenbewegung, hatte sie doch den Frauen endlich eine glorreiche Vergangenheit beschert, die sie leider jäh enden ließ.

Böse Reiterhorden, böse Männer aus den Grasweiten Russlands galoppierten da eines schwarzen Tages heran – so geht Marija Gimbutas' Geschichte weiter – und überrannten brutal das Idyll an der Donau. Nachdem sie die erste Frauenhochkultur vernichtet hatten, verunstalteten sie das Land – weil auch böse Männer nicht ewig leben – mit ihren Grabhügeln, den Kurganen. Kurgankultur nannte Marija Gimbutas deshalb die Unkultur der Besatzer.

Was brachte Marija Gimbutas dazu, den Traum von einem Frauenreich als geschichtliche Realität zu postulieren? Welche Beweise konnte sie für ein neolithisches Matriarchat anführen? Fünf große Ausgrabungen hat sie im ehemaligen Jugoslawien, in Italien und Griechenland geleitet – eigentlich fernab des Kerngebiets ihres Alteuropa – und ist dort in den jungsteinzeitlichen Schichten überall auf diese Frauenfigurinen gestoßen, die in abstrakterer Form eine Fortsetzung der paläolithischen Venus-Statuetten darstellen. Die lange Reihe der frühen Frauenbildnisse kommt dann vor 7000 Jahren zu einem Schluss- und Höhepunkt in der Ägäis: Die Kykladen-Idole sind mit das Schönste, was Kunst je hervorbrachte.

Frauen in Stein und Ton ist gleich Frauen an der Macht, folgert Marija Gimbutas, und zieht hier wohl einen Fehlschluss, denn die vielen Madonnen des Mittelalters stehen nicht gerade für ein Matriarchat. Eher für das Gegenteil.

Marija Gimbutas ist die erste Vertreterin einer gefühligen Archäologie und bereitet den Boden für die sogenannte fühlende Forschung. Nun aber hat die innere Stimme wissenschaftlich keine Aussagekraft, und uralte Geschichten sind nicht gleich Vorgeschichte. Marija Gimbutas' Theorie vom wunderbaren Matriarchat kam aber der Emanzipationsbewegung gerade recht, die sich Mitte der sechziger Jahre zu formieren begann. Frauen wollten wieder bestimmen – und das nicht nur über sich oder ihren Bauch – aus dem Gefühl heraus, dass es doch irgendwann eine Zeit gegeben haben muss, die schon einmal die ihre war. Eine Zeit, als sie das starke Geschlecht waren und die Männer nach ihrer Flöte tanzten.

In dieses Bild einer von Frauen bestimmten Kultur passen die Bilder aus den Latmos-Höhlen. Auf diesen Felswänden im Südwesten der Türkei sind keine Tiere abgebildet – aus diesen Felswänden springt einen die Freude an, schiere Lebensfreude ist förmlich zu spüren, obwohl sich Anneliese Peschlow gegen zu viel Erspüren wehrt. Sie ist Archäologin, fühlt sich allein der Wissenschaft verpflichtet und den Kriterien, die ihr Fach an die Höhlenzeichnungen anlegt. Und doch kann sie sich des Spürens nicht erwehren.

Als sie 1994 die ersten der tanzenden Frauen in Rot fand, war ihr auch nach Tanzen, nach Abheben zumute, doch ihre Kollegen holten sie unsanft auf den Boden zurück. Auf den Boden der Tatsachen, wie sie betonten, und Tatsache sei doch, dass hier in der Türkei steinzeitliche Felszeichnungen einfach nicht vorstellbar sind. Die Bilder der dicken Frauen könnten nur Wunschbilder von Hirten sein, also Jetztzeit-Schmierereien. Anneliese Peschlow sah es anders, gab nicht auf, und viele Forscher haben ihr bis jetzt recht gegeben: Es handelt sich tatsächlich um steinzeitliche Kunst.

Noch immer geht sie jeden Sommer ihren Frauen nach, packt früh am Morgen ihren Rucksack, wenn sich phonstark der Muezzin räuspert. Seine Weckrufe verpuffen im Nebel über dem Bafasee. Mit traumwandlerischer Sicherheit verstaut sie, auch wenn sie kein Licht hat, da wie so oft der Strom ausgefallen ist, ihre Arbeitsutensilien: Fotoapparat, Proviant und einen Zerstäuber für Zimmerpflanzen.

Dann tastet sie sich aus ihrer Grabungskate auf dem Campingplatz bei der einstigen hellenistischen Stadt Herakleia an der türkischen Mittelmeerküste. Im Dunkeln verlässt die Wissenschaftlerin mit ihrem „Kommissar" das Basislager. Jeder archäologischen Aktivität ordnet die türkische Antikenverwaltung einen staatlichen, meist fachkundigen Aufpasser bei; für Anneliese Peschlow waren diese bislang zugleich auch wissenschaftlicher Fahnder und Schutzmann – z. B. bei den Recherchen in verräucherten Teestuben und an Hirtenlagerplätzen, denn die Schäfer kennen fast jeden Unterschlupf, jede Grotte in den Berghängen und wissen um die Bilder, die Bilder von seltsamen Menschen, die Bilder in Rot.

Gemeinsam wandern die Archäologin und der Kommissar, immer auf der Suche nach den dicken Frauen, in den Hängen des Latmos-Gebirges, das kurz hinter der ägäischen Küste bis zu 1400 Meter hoch aufragt. Der Latmos ist mit seiner Schroffheit ein Fremdklotz in der mediterran-lieblichen Küstenlandschaft. Die Szenerie ist unwirklich, und so siedelten die Menschen in diesen Höhen seit jeher die Götter an – vor allem einen mächtigen Wettergott, der einst orientalische Züge trug. Später, als die Griechen in Kleinasien einfielen, zog Zeus hinzu.

Am Ziel der Fußtour, auf der 500 Meter hoch gelegenen Alm von Kovanalan, haben die Späher der Neuzeit einen Aufenthalt eingeplant – kaum bei den weidenden Ziegen angelangt, werden die Wanderer umtriebig: Rasch wird der Wasserkanister am Bach aufgefüllt, und dann suchen die Deutsche und der Türke mit ihren Helfern in Grotten und unter Felsüberhängen nach Spuren von Rot. In einer kleinen Höhle macht Anneliese Peschlow einen Hauch der gefragten Farbe aus und nimmt die Sprühflasche zur Hand. Sie benetzt damit die Wand, bis die Nässe das Rot intensiviert und alte Bekannte hervortreten lässt – mit dem Pinsel gemalte skurrile Menschenfiguren aus der Steinzeit. Auf den Felszeichnungen sind die schönen Runden eindeutig der Mittelpunkt; in Form von Strichen an der Wand hat man die Männer an den Rand der Gemälde verbannt.

Viele Male ist die Forscherin ihnen in den letzten Jahren begegnet, und jedes Wiedersehen vergrößert ihre Begeisterung: diesmal ein

Gruppenbild mit Damen – vier nehmen ein Männlein in die Mitte. Die Damen in Rot haben gelitten wie die meisten anderen Felszeichnungen, die Anneliese Peschlow entdeckte: Die Bildnisse waren seit Jahrtausenden zwar nicht direkt der Sonne, aber doch ständig dem Licht ausgesetzt.

Bis auf eine gelbe Ausnahme sind die steinzeitlichen Bilder in Rot gemalt. Tiere kommen auf ihnen selten vor, Jagdszenen fehlen vollständig. Dazwischen sind häufig, wie auf einem türkischen Kelim, Ornamente und geometrische Figuren gestreut. Das Hauptthema aber ist der Mensch. Die Männer sind immer frontal und ohne Geschlecht dargestellt. Die Frauen zeigen sich in Seitenansicht – mit einer ausladenden Kehrseite. „Sie sehen aus wie in Malerei umgesetzte Venus-Figuren", sagt Anneliese Peschlow.

Die Kurven sind imposant, allein der Busen fehlt. „Der wichtigste Körperteil bei den Frauen war offensichtlich das Gesäß, das unterschiedliche Formen aufweist: abgerundet, quadratisch, dreieckig – und auch noch verschieden dekoriert." Tätowierung oder gemusterter Rock, also ein frühes Webmuster? Darüber grübelt die Archäologin noch.

Auch aus den Köpfen wird sie noch nicht schlau, die in der Form eines gespreizten M oder T an Köpfe mit Dackelohren erinnern. Trug man die Gretchenfrisur unisex oder setzten sich Mann wie Frau Widderhörner auf?

Anneliese Peschlow ist mit ganzem Körpereinsatz bei der Sache: Um ihre Kurvenstars auf der türkischen Alm mit der Kamera einzufangen, verlangt sie ihren Knie- und Bandscheiben alles ab. Unter der überhängenden Höhlenwand fotografiert sie bäuchlings und in Rückenlage, bis sich die Paushinterbäckigen im trocknenden Fels verflüchtigen. Mit dem Kunstgriff zur Sprühflasche kann sie frühere Irrtümer ausbügeln. „Eine meiner Schönheiten habe ich lange für eine Ziege gehalten", lacht sie.

Die Klassische Archäologin war 1991 ausgezogen, um das antike Straßennetz im Umland von Milet zu erkunden. Doch der Kult des Wettergottes auf der Bergspitze ließ sie schon damals über prähistorische Spuren spekulieren. Einer der alten Wege führte sie drei Jahre später hinauf in den Latmos, wo sie auf der Alm von Bozalan bei Göktepe auf das erste Felsbild stieß, das in ihrer stattlichen Sammlung immer noch einzigartig ist: Paare bevölkern die Wand, ziehen sich in Nischen wie in ein Chambre séparée zurück oder reihen sich in den Reigen ein. Die Frauen sind vom Kopf über den Po bis zum Tanzbein rund; die Gefährten an ihren Breitseiten sind ausnahmsweise mal keine Hänflinge. Derart barocke Körper hat Anneliese Peschlow nur noch einmal in der Südecke des Latmos angetroffen: Am Baliktas mischen sich auf einer abgestürzten Felsplatte die Dicken unter die üblichen Strichmännchen.

In Peschlows Felsgalerie fällt ein Bild völlig aus dem Rahmen. In der Höhle von Karadere präsentieren sich nur Männer und ein Tier. Einige tragen lange Gewänder und einen extravaganten Kopfputz auf dem kantigen Schädel – Anneliese Peschlow hält ihn für Widderhörner. Die meisten haben die Hände wie zum Gebet erhoben, einer zeigt dabei seine gespreizte Hand. Der magischen Wirkung dieses Bildes, so hat die Wissenschaftlerin beobachtet, kann sich kaum ein Betrachter entziehen. Was ist hier dargestellt?

Um übers reine Sichten hinauszukommen, kniete sich die Fachfrau fürs klassische Altertum in die Vorgeschichte, sie wollte die Zeichnungen durchschauen. Doch sie fand nichts unmittelbar Vergleichbares. Deshalb blieb ihr nur der Weg, „die Bilder aus sich selbst und ihrem Umfeld zu verstehen". Missverständnisse sind da nicht ausgeschlossen, aber beherzt ging sie Deutung und Datierung an, wobei sie sich nicht scheute, manchmal ihrer Intuition die Führung zu überlassen.

Bei der Datierung halfen ihr die fehlenden Vierbeiner auf die Sprünge. Tiere, Hauptmotiv der eiszeitlichen Höhlenmalerei in Frankreich und Nordspanien, sind auf den latmischen Bildern Nebenfiguren – und das in einer Bergwildnis, die heute noch ein Paradies für Jäger ist. Die Felszeichnungen müssen, so folgerte Anneliese Peschlow, zu einer Zeit entstanden sein, als das Wild nicht mehr die Vorstellungswelt beherrschte, weil man es domestiziert vor der Hütte hielt – der Sammler und Jäger war sesshaft geworden. Die Beziehung der Menschen untereinander, das Familienleben stand jetzt offenbar im Mittelpunkt.

Die meisten Felsbilder fand Anneliese Peschlow in der Nähe von Wasser, einige sogar in Höhlen, durch die ein Bach fließt. Eine Beziehung zwischen Felsbild und Wasser ist offensichtlich – und wohl auch gewollt.

Bis auf die Männerversammlung in der Karadere-Höhle wirken die Malereien auf den heutigen Betrachter zunächst wie Familienbilder. Doch auch sie sind kultisch zu verstehen, nur geht es hier nicht um Götterverherrlichung, hier wird das Leben gefeiert – und Leben ist ohne Wasser nicht möglich. Besonders deutlich wird dieser Aspekt bei Peschlows Erstlingsbild in der Göktepe-Höhle: „Es sieht ganz nach einem Frühlings- oder Fruchtbarkeitsfest aus, wo man in den Mai tanzte und sich paarte." Was nicht heißt, dass für die Ur-Bäuerinnen alle Tage Feiertag war.

Einen weiteren Hinweis für die Datierung der steinernen Kunst geben die Ornamente, vor allem die Dekorationen der weiblichen Gesäße: Sie haben eine erstaunliche Verwandtschaft mit Motiven auf der Keramik, die man in der inneranatolischen Siedlung Hacılar ausgrub. Die Hacılar-Keramik wurde im Chalkolithikum getöpfert – im 6. Jahrtausend v. Chr.

Strichmännchen wie auf den latmischen Felsbildern kennt die Wissenschaft auch aus anderen Gegenden des Mittelmeeres, etwa von der Iberischen Halbinsel oder aus Italien. Sie wurden jedoch deutlich später gemalt und reichen an die Konterfeis der Kleinasiaten bei weitem nicht heran. Kenner der iberischen Felskunst vermuteten auch orientalische Einflüsse. Anneliese Peschlow kann ihnen mit ihrer anatolischen Felskunstsammlung gewichtige Argumente liefern.

Einen Namen haben die latmischen Frauen mit Vergangenheit inzwischen auch: Als eine Figur auf der Wand erschien, „deren Gesäß weit ausladend und besonders liebevoll dekoriert war", berichtet Anneliese Peschlow, „bemerkte mein Kommissar, das Gesäß dieser Frau sähe aus wie ein typisch türkischer Autobus mit Fenstern und Vorhängen. Seitdem heißt dieser Frauentyp ‚Otobüshanim'." Anders als ihre Kollegin Marija Gimbutas bastelt sich Anneliese Peschlow aus den steinzeitlichen Bildern keine Wunschwelt zusammen.

Tanzende Frauen machen noch kein Matriarchat.

Dicke Frauen machen kein Matriarchat.

Keine Frau macht aber ein Matriarchat für James Mellaart.

All den Matriarchats-Sucherinnen sekundiert dieser britische Archäologe, der von 1961 bis 1965 die Ausgrabungen in Çatal Höyük in der Türkei leitete. In dieser neolithischen Siedlung, die vor 9500 Jahren gegründet wurde und gern als erste Stadt der Menschheit apostrophiert wird, sollen Frauen die Männer gezähmt und zur Sesshaftigkeit erzogen haben, was ihnen dann nicht nur die Macht in den ausgemalten Behausungen sicherte. „Die Frauen zogen den um sich schlagenden und schreienden Mann aus der Wildnis und mit ihm in die Stadt" – diese Vergangenheitsvision der Matriarchats-Lobby macht sich der englische Ausgräber zu eigen, ja er arbeitet ihr mit seinen Deutungen auch noch zu. Aus seiner Sicht war die Große Mutter in dieser neolithischen Gemeinde allgegenwärtig. So sieht er in einer abstrakten Reliefgestalt, nur weil sie einen Anflug von Bäuchlein hat, eine Schwangere – für ihn ganz klar ein Sinnbild der Fruchtbarkeit. Strichweibchen und Strichmännchen sind auf den Wandzeichnungen gleich stark vertreten, doch Mellaart zählt sie allein zu den Zeichen der Fruchtbarkeit. Hirsche und Widder überwiegen in den Tierdarstellungen, aber auch am Geweih hängt der Archäologe – frau staune – seine Darlegung von Fruchtbarkeit auf. Selbst simple Ornamente mit Dreieck, Kreuz und Linien – die er auch schon mal als Vorläufer des Kelims interpretiert – symbolisieren für ihn nur das eine: Fruchtbarkeit. Mamma mia, der Mann muss ein Problem gehabt haben – was später in der Tat offensichtlich wurde: Er fand nicht seine Funde, er erfand sie. Çatal Höyük mit seiner Kunst war wohl eher die Hochburg einer kulturellen denn einer weiblichen Revolution.

Wann immer Matriarchate verortet werden, siedelt man sie in der Steinzeit an. Wo erkennbar die Maxime „Je dicker, desto besser" galt und Dicke als Göttinnen verehrt wurden, muss es doch – so die simple Schlussfolgerung – für Frauen paradiesisch gewesen sein. Dabei sollte frau sich eigentlich die Frage stellen: Ist ein Matriarchat zu Steinzeiten gleich Paradies? Selbst wenn die Frauen da über alles selbst bestimmen konnten, machte das ihr Leben nicht unbedingt einfacher.

Vielleicht haben ja die Jägerinnen und Sammlerinnen von einem Leben geträumt, wie es der Anthropologe Brian Fagan in dem 2012 erschienenen Buch *Cro-Magnon* beschreibt: „Weder Mutter noch Tochter verlassen an diesem bedeckten, eisigen Tag die Feuerstelle, aber der Jäger und sein Sohn sind weit draußen unterwegs.“ Hier fließen in die Vorgeschichtsbetrachtung wohl die Rollenmodelle einer konservativen Familie der Jetztzeit ein, die aber kaum den Alltag der Steinzeitlerinnen wiedergeben. Sie werden selten die Zeit gehabt haben, idyllisch an einer Feuerstelle herumzusitzen. Sie werden eher diejenigen gewesen sein, die Brennmaterial für die Feuerstelle sammelten. In den baumlosen Eiszeiten sicher kein einfaches Unterfangen. Sie werden mit auf die Jagd gegangen sein, das Wild ausgeweidet und ins Lager geschleppt haben. Sie werden, wann immer verfügbar, verstärkt pflanzliche Nahrung wie Beeren und Wurzeln gesammelt haben. Und sie waren es, die nun mal die Kinder bekamen und für sie in erster Linie sorgten. In einer nomadischen Kultur gebaren sie die Kinder nicht im Kindbett, sondern wer weiß wo. Auch bereits unter Schmerzen, denn dass die steinzeitlichen Frauen im Vorbeigehen und ihre Kinder leicht zur Welt brachten, ist eine Mär, ist ein Mythos wie so vieles, was wir von der Steinzeit zu wissen meinen.

Unser Kopf ist das Problem. Weil wir so viel drin haben, ist er viel zu groß geraten. Damit die Mütter ihre Babys überhaupt zur Welt bringen können, gebären sie diese – das hat die Evolution barmherzig so eingerichtet – noch im embryonalen Zustand. Würde die Schwangerschaft so lang dauern, wie sie eigentlich dauern müsste, käme der Kopf des Kindes nicht mehr durch den Geburtskanal. Allein im ersten Lebensjahr wächst das Gehirn des Säuglings um weitere 100 Prozent. Ein Menschenkind kommt deshalb viel früher zur Welt als der Nachwuchs anderer Säugetiere, ist dadurch lange unreif und hilfsbedürftig und benötigt weit mehr an Fürsorge als die Kinder im Tierreich. Gut ein Jahr hatte es die wandernde Mutter ständig in einem Sack auf dem Rücken oder vor dem Bauch mitzuschleppen. Und selbst, als das Kind schon die ersten Schritte machen konnte, wird es wohl noch ein weiteres Jahr mehr oder minder getragen worden sein.

Trotz des sicher guten Ummutterns starben viele Säuglinge, was an den vielen Kindergräbern beispielsweise in der Ära der Neandertaler, abzulesen ist. Doch auch die Müttersterblichkeit scheint sehr hoch gewesen zu sein: Das Durchschnittsalter der Frauen lag bei 29 Jahren und damit weit unter dem der Männer.

Hartes Leben, schneller Tod – das Leben zu Steinzeiten war nie ein rosiges. In der Höhle Sima de los Huesos in Nordspanien wurden die Überreste von 32 Personen gefunden, die vor 300 000 Jahren frühzeitig verstarben. Die drei Kinder, 16 Heranwachsende im Alter zwischen 12 und 20 Jahren sowie 13 junge Erwachsene kamen früh durch Krankheiten zu Tode oder verhungerten.

Und was passierte, wenn die Frauen doch älter wurden, alt waren? Das wollen sich die Archäologinnen Brigitte Röder, Juliane Hummel und Brigitta Kunz lieber nicht vorstellen. „Unsere Visionen von der alten, weisen Steinzeitfrau, deren Lebenserfahrung man schätzte, entpuppen sich als modernes Märchen."

Hatten die Frauen der Steinzeit nicht unbedingt ein einfaches Leben, waren sie doch selbstständiger als bisher angenommen. Jedenfalls waren Lucy und ihre Geschlechtsgenossinnen ganz schön flott in der weiten Welt unterwegs. Neue Analysen fossiler Zähne zeigen, dass es allein die Frauen waren, die hinauszogen. Die Männer blieben wohl lieber daheim.

Ob ein Mensch nun Nesthocker oder Nestflüchter war, lässt sich zuverlässig an seinem Backenzahn ablesen. Unsere Zähne lagern, wenn sich der Zahnschmelz bildet, ganz bestimmte Substanzen ein, die in einer ganz bestimmten Nahrung eines ganz bestimmten Ortes vorkommen. Strontium-Isotopenanalysen können dann aufzeigen, in welcher Region der Mensch seine Kindheit verbrachte.

Wissenschaftler aus Deutschland, Großbritannien, Kanada, Südafrika, der Schweiz und den USA haben nun die Zähne von Vormenschen untersucht, die vor 2,7 bis 1,7 Millionen Jahren im Sterkfontein-Tal in Südafrika lebten. Hauptmethode der Forscher war eine sogenannte Laserablation, bei der ein gepulster Laser einen klitzekleinen Teil des Zahnes zum Verdampfen bringt. Der Zahnschmelz-Nebel gibt dann preis, was ein Mensch als Kind wo gegessen hat. „Hier haben wir den ersten direkten Einblick in die geographischen Bewegungen früher Hominidenstämme", erklärt die Leiterin des Projektes, Sandi Copeland von der University of Colorado Boulder und dem Max-Planck-Institut für evolutionäre Anthropologie in Leipzig.

„Unsere früheren Projekte hatten gezeigt, dass diese Hominiden eine hochvariable Ernährung hatten. Deshalb fragten wir uns, ob sie viel durch das Land gezogen waren", sagt Julia Lee-Thorp, Spezialistin für fossile Zahnanalyse an der britischen University of Oxford. „Doch als die Ergebnisse kamen, merkten wir schnell, dass wir einen ganz anderen Treffer gelandet hatten – einen Unterschied zwischen den Männern und Frauen, sehr unerwartet." Die Männer waren in derselben Region gestorben, in der sie auch aufgewachsen waren. Die meisten Frauen jedoch stammten ursprünglich aus einer ganz anderen Region. Dass die Frauen den Männern gefolgt seien, ist kein Argument, denn um dem Mann zu folgen, hätte auch er sein angestammtes Gebiet verlassen müssen.

Die Vorstellung vom folgsamen, servilen Steinzeitfrauchen ist in den Köpfen männlicher Wissenschaftler entstanden. Sind diese mal großzügig, gestehen sie der Steinzeitlerin allenfalls zu, die Nähnadel erfunden zu haben. Aber sie beginnen schon umzudenken, anders zu denken. Unter den Speeren, die Hartmut Thieme in Schöningen fand, ist auch ein kleinerer, nur 1,82 Meter langer. Der Entdecker kann sich gut vorstellen, dass dieser Speer einer Jägerin gehörte.

Wann wird man anfangen, die Möglichkeit einzuräumen, dass unter den Künstlern von Chauvet und Lascaux auch Malerinnen waren? Dass es vielleicht Frauen waren, die diese wunderbaren Venus-Figuren schnitzten? Die Venus von Willendorf, ein Selbstporträt?

IRRTUM 20:

VENUS-FIGUREN VERKÖRPERN DAS ALTSTEINZEITLICHE SCHÖNHEITSIDEAL

Diese Frau zieht alle Blicke auf sich. Sie steht im Halbdunkel, der Wechsel von Licht und Schatten zeichnet ihre Rundungen noch weicher. Sie steht auf Füßchen, einer Ballerina gleich, die viel zu zierlich für ihren mächtigen Körper sind. Sie steht, als würde sie sich ins Gleichgewicht wippen, als sei es gar nicht so schwer, ihre Schwere in der Senkrechten zu halten. Sie steht sehr selbstbewusst da, diese Frau aus der Steinzeit.

Die Damen der Londoner Gesellschaft, die an diesem 7. Februar 2013 zur Eröffnung der Ausstellung „Ice Age Art" ins British Museum gekommen sind, umlagern die Vitrine mit der paläolithischen Venus. Diese modernen Frauen, alle zu dünn, alle in angesagter Size Zero, können sich nicht sattsehen an der kleinen Figur, deren Formen ausladend zu nennen eine starke Untertreibung wäre. Diese Venus von Lespugue ist kugelig, ihr Vexierkörper besteht nur aus Kugeln; man muss ihn genau betrachten, um zu sehen, wo der Busen aufhört und der Po anfängt. Oder sind das schon die Hüften? Der Bauch? Bei der Vulva gibt's kein Vertun, sie ist eindeutig und deutlich zu erkennen.

Gefunden wurde dieses Vollweib 1922 am Fuß der Pyrenäen in der Grotte des Rideaux von dem Comte de Pouilloüe de Saint-Périer, einem Hobby-Forscher, der alle Höhlen auf seinen Ländereien akribisch untersucht hatte. Seine „Madame mit den vielen Busen" benannte man später dann schlicht und wissenschaftlich nach dem nahegelegenen Ort.

Die Venus von Lespugue ist knappe 15 Zentimeter groß und wurde vor gut 25 000 Jahren aus dem Stoßzahn eines Mammuts geschnitzt. Für Picasso stand sie Modell, er war einer ihrer großen Verehrer, einer der wenigen männlichen.

Es sind ausschließlich Frauen, die am Entree zur Ausstellung die Venus belagern, sie langsam umkreisen, sie aus allen Winkeln in Augenschein nehmen. Kein Kichern ist zu hören, kein Witz wird ob ihrer Wahnsinnsfülle gemacht, es ist fast so, als habe die Frau aus der Steinzeit nur Anbeterinnen um sich geschart. Männer machen meist einen großen Bogen um ihre Kurven, sie hatten immer schon ihre Schwierigkeiten mit den üppigen Nackten.

Die Bekanntschaft Venus aus der Steinzeit mit Mann der Jetztzeit fing wenig verheißungsvoll an. Wiederum ein Adeliger, diesmal der Marquis de Vibraye, war es, der 1864 in der Höhle von Laugerie-Basse die erste der paläolithischen Frauenfiguren entdeckte. Da kollidierte denn die verklemmte Sexualmoral mit altsteinzeitlicher Freizügigkeit, und fast wäre die Schöne dabei zu Bruch gegangen, die der Marquis, kaum dass er auf sie stieß, von sich stieß und sie schwer entrüstet „Venus impudique" nannte, die „unzüchtige Venus". Dabei war sie eine der schlanken, ohne Kopf zwar, aber mit ausgeprägtem Schamdreieck. Mitarbeiter aber wollen beobachtet haben, dass der Marquis nicht von ihr lassen wollte. Er müsse sie studieren, führte der Doppelmoralist zu seiner Entschuldigung an.

Die berühmteste all dieser üppigen Damen ist die Venus von Willendorf; es scheint fast so, als habe sie die Misswahl der steinzeitlichen Schönen gewonnen, denn wann immer von einer paläolithischen Venus die Rede ist, wird sie gemeint. Ihr Alter beträgt rund 27 000 Jahre, gefunden wurde sie 1908, wobei über die Fundumstände nichts bekannt ist, weil die Herren Hofräte, die bei Willendorf die Ausgrabung unternahmen, an diesem Tag sehr ausgiebig jausten. Es waren dann Arbeiter, die diese elf Zentimeter kleine Figur aus Kalkstein bargen. Ihr Kopf ist ohne Gesicht, aber mit viel Frisur, oder sie hat eine Mütze tief über die Augen gezogen.

Louis-René Nougier, ein Prähistoriker der alten Schule, lässt sich über die berühmteste aller Dicken aus und lässt dabei wenig Gutes an ihr: „Maße, die gewiss wenig damit zu tun haben, was die Maßschneider heute eine Figur nennen. Am Strand würde die Dame keinen Andrang auslösen." Das klingt abwertend, so als wolle er sagen, dass weniger gut Gesittete aus der Steinzeit in den schicken Badeorten an der Côte d'Azur nichts zu suchen hätten. Auch eine Heidi Klum, die über künftige Models urteilt, kann wenig Gefallen an ihr finden. Waren die Maße der Venus von Willendorf Traummaße zu Steinzeiten? Verkörperte da die Dicke ein Schönheitsideal? Oder was sollte die Figur der gesichtslosen Nackten darstellen?

Rund 200 dieser paläolithischen Figuren wurden bis jetzt an nur 30 Fundstellen entdeckt; gerade ein Drittel von ihnen ist vollständig erhalten. Die Fundorte reichen von Spanien über Norditalien, Süddeutschland, Österreich, Tschechien bis Russland und weiter nach Sibirien. Die russischen Statuetten sind mit durchschnittlich 13 Zentimetern die größten, die in Westeuropa und Sibirien, also an den beiden Enden des „Venus-Gürtels", sind nur halb so groß. Die in Sibirien sind dünn, die in Westeuropa dick.

Von den 200 Figuren hat die Hälfte weder Brüste noch deutliche Hüften – und zwei sind sogar erkennbar Männer. Ein Viertel dieser Statuetten ist auch nicht nackt, sie tragen am Körper eine Art Bänderschmuck. Ein Drittel ist grob geschnitzt, ohne menschliche Proportionen, und ein weiteres Drittel ist nicht dick. Nur 60 der Venus-Figuren haben große Brüste und dicke Gesäße – ein fast mager zu nennendes Ergebnis.

Entdeckt ein Ausgräber die Statuette einer dicken Frau, wird er sie – da kommt der Pawlow'sche Reflex der Archäologie zum Tragen –

als Fruchtbarkeitssymbol bezeichnen. Genauso wie er jedes Gebäude, dessen Funktion sich ihm nicht erschließt, als „Kultbau“ definiert. Also werden die Venus von Willendorf und ihre Schwestern von den Wissenschaftlern als Sinnbilder der Fruchtbarkeit, gar als Fruchtbarkeitsgöttinnen angesehen. Dick ist für die Forscher gleich fruchtbar.

Die Venus-Figuren – statt Wucht- also Fruchtbarkeitsbrummen? Die amerikanische Archäologin Patricia Rice hat sich die Statuetten hinsichtlich der Fruchtbarkeit genau angeschaut, ließ sie dazu noch von vier unabhängigen Beobachtern beurteilen. Das Ergebnis: 23 Prozent der Figuren seien junge Mädchen, 58 Prozent reife Frauen, davon 22 Prozent Matronen, und gerade einmal 17 Prozent der Frauen seien Schwangere.

Fruchtbarkeit war wohl kein Thema für die Künstler – und wohl auch kein Thema in der Steinzeit. Jäger und Sammler sind nicht geradezu erpicht darauf, viele Kinder zu haben, denn der Nachwuchs stellt für Nomaden immer eine Belastung dar. So ist aus dem Paläolithikum kein einziges Mutter-Kind-Bildnis bekannt. Die Idealisierung der Fruchtbarkeit begann sicher erst in geschichtlicher Zeit, als mit der Sesshaftigkeit der Daseinskampf weniger hart geworden war und die Menschen sich mehr um ihre Kinder kümmern konnten, die ja nun in den Bauerngesellschaften, die Grund und Boden zu vererben hatten, immer wichtiger wurden. Der eigene Sohn war nun Verheißung, keine Bürde mehr.

Wenn nicht Fruchtbarkeit, was repräsentieren die Venus-Figuren dann? Der britische Archäologe Clive Gamble sieht in den Statuetten ein Zeichensystem, mit dem sich die Steinzeitler einst untereinander verständigten. Im „Zeitalter der Frostbeulen“ kommunizierte man durch Körperbeulen? Teilte der Sippe im fernen Sibirien etwas über das Medium Brüste oder Po mit oder ließ mit der Brüste-Hüfte-Kombination den Jungs auf der Schwäbischen Alb eine Nachricht zukommen? Kopflos in Frankreich, mit einem Bein in den russischen Weiten? Der Forscher konzediert, dass die Symbole nur von den Steinzeitgenossen verstanden werden konnten und sich uns nicht erschließen.

Für Louis-René Nougier, der die Venus von Willendorf als bikini-untauglich abqualifiziert, sind die Figuren eine Art Sex-Spielzeug, denn sie würden nur „in der Hütte des Jägers“ auftauchen und seien „seine treue Gefährtin“. Was beides sicher nicht stimmt.

Der Amerikaner Dale Guthrie sieht in den Venus-Figuren steinzeitliche Pin-up-Girls. Der Anthropologe aus der Playboy-Generation großspurt, dass Fettpolster nun mal eine starke erotische Signalwirkung hätten – siehe das bekannte Hochglanzmagazin. Die Venus von Dolní Věstonice könnte es in seinen Augen glatt mit einer der Nackten auf der berühmten Doppelseite aufnehmen, die da immer so lasziv ihre Strümpfe ausziehen. Außerdem steht für Guthrie fest, dass die paläolithischen Venus-Statuetten Form gewordene Toiletten-Graffiti sind.

Die Venus von Willendorf als pornographisches Gemälde in der Herrentoilette? Elke Heidefrau Christmann kann da nur lachend abwinken. Sie war lange eine Ausnahmeerscheinung unter den Archäologen, ist es für sie doch gar nicht so abwegig, dass es Frauen waren, die diese Venus-Statuetten formten und schnitzten. Schützinnenhilfe bekommt sie ganz aktuell von Jill Cook, die für die phantastische Ausstellung „Ice Age Art“ im British Museum die Venus von Lespugue als Star inszenierte. Für die Kuratorin haben die Figuren einen doppelt weiblichen Touch, deshalb fordert sie – und fordert damit die männlichen Kollegen heraus: „Das, was bis jetzt undenkbar war, endlich einmal anzudenken. Dass es höchstwahrscheinlich Frauen waren, die diese Statuetten anfertigten.“ Eine Art Selbstporträt, denn die schiefe Perspektive mit den riesigen Brüsten und den kaum vorhandenen Füßen führen die Archäologinnen auf den Umstand zurück, dass sich die Frauen von oben genauso sahen, nur diese Ansicht hatten, wenn sie an sich herunterschauten – zu Zeiten, als es ihnen gut ging. Wenn sie sich mal wieder den Bauch vollgeschlagen hatten, was vermutlich nicht so häufig vorkam. Also haben sie gegessen, bis sie dachten, sie platzten – und haben dann doch weiter und weiter gegessen, um sich eine Reserve anzufuttern für magere Zeiten. So halten es immer noch die Steinzeitler der Jetztzeit, die Buschmänner des Volkes der San, wie es Laurens van der Post beschreibt: „Mein frommer alter Großvater erzählte, diese lockere plastische Haut sei ein weises Wirken des Allmächtigen Vorsehung, die es dem Buschmann ermöglichte, bei einem Festmahl mehr zu essen, als ein menschliches Wesen in der Geschichte der Menschheit je zuvor gegessen hat. Infolgedessen wurde nach dem Essen sein Bauch so dick, dass selbst ein Mann wie eine schwangere Frau aussah. In guten Jagdzeiten hatte er eine Figur wie ein Cupido von Rubens; vorn wölbte sich der Bauch vor, und das Hinterteil reichte sogar beinahe noch weiter nach hinten."

Hört sich fast wie eine Beschreibung der Venus von Lespugue oder der anderen dicken Schönen an. Vielleicht haben sich auch die Steinzeitlerinnen diese Fettschürze und diesen Fettsteiß angegessen, die wie die Höcker eines Kamels sind, die sie am Leben hielten, wenn sie längere Zeit nicht viel zu beißen hatten. Hunger ist ein ständiger Begleiter der neuzeitlichen Wildbeuter, und ähnlich wird es wohl auch in der Steinzeit magere Zeiten gegeben haben. Die Venus-Figuren verkörpern demnach kein Schönheitsideal, sondern wahrscheinlich die Wunschfigur der Steinzeitler. So sah man aus, wenn der Magen nicht knurrte. Da man sich wahrscheinlich nicht allzu häufig wirklich rund und satt essen konnte, war es der große Wunschtraum, das Ideal, keinen Hunger zu leiden. Vielleicht ist auch das ein Vermächtnis der Steinzeitler an uns, allerdings ein ungeliebtes, das wir nicht spüren, wenn wir satt sind.

Die Venus-Figuren verkörperten kein Schönheitsideal, sondern eher die Vorstellung von einem idealen Leben. Ein Leben ohne Hunger und Entbehrungen. Trotz unseres großen Gehirns ist unsere Vorstellungskraft immer noch klein, und unser Gefühl ist so begrenzt, dass wir nicht nachempfinden können, was uns die Figuren noch zu sagen haben. Vielleicht werden wir es einmal besser wissen. Wenn dereinst kleine Neandertaler ihre Spielkameraden sind, werden die *Homo sapiens*-Kinder noch sehr viel lernen. Vielleicht dämmert es dann dem modernen Menschen, was ihn vor knapp 40 000 Jahren veranlasst haben mag, diese wunderbaren Frauenfiguren zu formen.

Zukunftsmusik sind dann vielleicht die Flötentöne einer fernen Vergangenheit.

PRÄHISTORISCHE CHRONOLOGIE: STEINZEITEN

Perioden des Altpaläolithikums (Ältere Altsteinzeit):
Oldowan: einfache Steingeräte aus Geröll, erstmals gefunden in der Olduvai-Schlucht, daher die Benennung des ältesten Zeitabschnitts der Steinzeit. Die ältesten dieser sogenannten Chopper sind etwa 2,5 Millionen Jahre alt.

Acheuléen: Faustkeile, zum Teil schon sehr fein gearbeitet von *Homo ergaster*, *Homo erectus* und *Homo heidelbergensis;* die in Afrika gefundenen sind ca. 1,5 Millionen Jahre alt, die in Europa entdeckten etwa eine Million Jahre. Aus dieser Epoche stammen auch die Schöninger Speere.

Clactonien: eine regionale, faustkeilfreie Epoche am Ende des Altpaläolithikums. Kennzeichnend sind fein gearbeitete Pfeil- und Speerspitzen aus Feuerstein.

Mittelpaläolithikum (Mittlere Altsteinzeit):
Das Zeitalter der Neandertaler beginnt.

Moustérien: von 200 000 bis 40 000 v. Chr. Kennzeichnend für diese Epoche sind sehr fein gearbeitete Steinwerkzeuge und hochwertige Faustkeile.

Micoquien: von 130 000 bis 70 000 v. Chr.; eine regionale Epoche, deren Kennzeichen feine asymmetrische Faustkeile sind

Jungpaläolithikum (Jüngere Altsteinzeit):
Der Cro-Magnon-Mensch beginnt seinen Siegeslauf.

Châtelperronien: von 40 000 bis 34 000 v. Chr.; regional auf Frankreich und Nordspanien beschränkt

Aurignacien: von 40 000 bis 28 000 v. Chr.; erste Tierplastiken und Höhlenmalerei

Gravettien: von etwa 28 000 bis 21 000 v. Chr.; die Epoche der Venus-Statuetten wie der Venus von Willendorf

Solutréen: von etwa 22 000 bis 18 000 v. Chr.; noch feinere Speerspitzen als zuvor, Verwendung von Nähnadeln

Magdalénien: von 18 000 bis 12 000 v. Chr.; zunehmend feinere Klingen, Harpunen aus Knochen, Höhlenmalerei

Neolithikum (Jungsteinzeit):
Den Beginn um 11 500 v. Chr. markiert das Proto-Neolithikum der Natufien-Kultur im Nahen Osten. Erste Siedlungen mit Rundhäusern entstehen in der Levante und auf Zypern. Noch immer wird das Werkzeug aus Feuerstein in die gewünschte Form geschlagen und nicht geschliffen.

Präkeramisches Neolithikum A: von 9500 bis 8200 v. Chr.; erste Tempel in Göbekli Tepe und Nevalı Çori, Beginn des Getreideanbaus im Nahen Osten

Präkeramisches Neolithikum B: von 8200 bis 6500 v. Chr. Häuser werden nun rechteckig oder quadratisch. Die Venus-Statuetten werden deutlich abstrakter, haben aber weiterhin ein deutlich ausgeprägtes Geschlechtsteil. Erste ungebrannte Tongefäße werden gefertigt.

Keramisches Neolithikum: von 6500 bis 5500 v. Chr. Die Toten werden jetzt außerhalb der Siedlungen bestattet. In der Folge werden „Metro-Nekropolen" wie auf Zypern gegründet. In der Keramik unterscheidet man die monochrome, die bemalte und die klassische Phase.

Neolithikum in Europa: von 5500 bis 2200 v. Chr. In Serbien wird erstmalig Kupfer verarbeitet.

Chalkolithikum (Kupfersteinzeit): von 5500 bis 3300 v. Chr. im Nahen Osten, von 4500 bis 2200 v. Chr. in Mitteleuropa.

DIE ENTWICKLUNG DES MENSCHEN: STATT STAMMBAUM EIN STAMMBUSCH

Eine Klärung vorab: Zu den Hominiden zählen Menschen wie Affen und all deren ausgestorbene Verwandte. Unter den Begriff „Hominine“ subsumiert man alle Mitglieder der Gattung *Homo* samt deren Urahnen, die den Menschen näherstehen als den Affen und den äffischen Vorfahren.

Sahelanthropus tschadensis: unser „Superlativ-Urahn“, denn er ist der mit Abstand der älteste, aber auch der umstrittenste aller Vormenschen. Zwischen Juli 2001 und Februar 2002 in der Wüste des Tschad entdeckt, wird sein Alter auf sechs bis sieben Millionen Jahre geschätzt. Eine genauere Datierung steht noch aus, scheint aber nicht so recht möglich zu sein, da die Fundumstände bis dato nicht geklärt werden konnten. Die Überreste wurden aus keiner Schicht geborgen, sondern lagen im Wüstensand. Gefunden wurde ein fast vollständiger Hirnschädel samt einiger Zähne. Kritiker wenden ein, dass es sich bei dem *Sahelanthropus* eher um einen *Sahelpithecus* handeln würde und dass die Überreste nicht die eines Sahelmenschen, sondern die eines Sahelaffen seien.

Orrorin tugenesis: heißt auch Millennium Man, weil seine Überreste (u.a. Bruchstücke des Unterkiefers, einige Backenzähne, ein Fingerknochen, ein Fragment des Oberarmknochens sowie drei Stückchen des Oberschenkelknochens) 2000 in Kenia entdeckt wurden. Das Alter dieser Knochen konnte zuverlässig auf sechs Millionen Jahre datiert werden. Auch da wenden die Kritiker ein, dass der *Orrorin* den Affen näherstünde als den Menschen, also nicht zu unseren Ahnen zu rechnen sei.

Ardipithecus ramidus: „Ardi" müsste eigentlich noch bekannter als Lucy sein, denn sie ist „das älteste hominine Skelett" (Tim White), mit 4,4 Millionen Jahren über eine Million Jahre älter als Lucy und fast vollständig erhalten. Ardis zu großer Zeh passt aber laut den Kritikern nicht in das Konzept vom Menschen.

Australopithecus afarensis: Zu diesen Australopithecinen gehören Lucy und ihre Sippe sowie die Drei von Laetoli.

Paranthropus boisei: Mary Leakeys Nussknacker-Mensch wird von vielen noch zu den *Australopithecinen* gerechnet, markiert aber mit seinem Alter von ca. zwei Millionen Jahren schon den Übergang zur Gattung *Homo*, die bereits existierte, als er mit seinem Riesengebiss die harten Gräser zerkleinerte.

Homo rudolfensis: der Erste aus der Reihe der Gattung *Homo,* 2,4 Millionen Jahre alt.

Homo habilis: Diese andere frühe *Homo*-Art taucht vor etwa 2,2 Millionen Jahren auf und hat wohl längere Zeit parallel zum *Homo rudolfensis* gelebt. Bei der weiteren Entwicklung der Gattung *Homo* scheint *Homo habilis* jedoch eine weniger bedeutende Rolle gespielt zu haben. Manche Anthropologen stufen *Homo habilis* auch als Vorfahren des *Homo ergaster* ein.

Australopithecus sediba: „Nur" etwa zwei Millionen Jahre alt, gibt dieser von Lee Berger in der Malapa-Höhle gefundene „Boy" den Wissenschaftlern weiter Rätsel auf. Ist er doch noch ein Affe? Und das zu einer Zeit, als Sippen von *Homo erectus* schon durch den Busch streiften? Die Form seines Beckenknochens deutet auf einen aufrechten Gang hin, seine überlangen Arme allerdings sehen eher wie die eines Affen aus. Lee Berger sieht in ihm die Übergangspezies zwischen Affe und Mensch. „Dieses Wesen war ein unwahrscheinliches Mosaik aus menschlichen und affenähnlichen Attributen", sagt Peter Schmid von der Universität Zürich. Er ist einer von zahlreichen Autoren, die zusammen sechs Studien veröffentlicht haben, nachzulesen in dem Fachjournal „Science" vom 12. April 2013. Sie beschreiben detailliert, wie der Hominide aussah, sich bewegte und aß. Sogar, wie er lächelte, konnten sie wunderbar rekonstruieren. Dabei zeigte er Schneidezähne, die ganz wie die eines Menschen aussehen. Hätte er seinen Mund noch weiter aufgerissen, wären Backenzähne zum Vorschein gekommen, wie sie nur Affen haben. Im Brustkorb setzt sich der Mix fort, denn der obere Teil sei viel zu schmal für einen Menschen, während der untere für einen Affen zu wenig ausgeweitet sei. Verwirrung herrscht auch bei den Beinen. Kräftige Oberschenkelknochen sprechen für einen Affen. „Wir gehen davon aus, dass diese Art häufig auf Bäume und auf schroffe Felshänge geklettert ist", sagt Lee Berger. Sprunggelenke und Knie zeigen jedoch eindeutig, dass der *Australopithecus sediba* bereits aufrecht und auf zwei Beinen laufen konnte, eine charakteristische Fähigkeit der Gattung *Homo*. „Sein Gang aber dürfte ziemlich seltsam ausgesehen haben", sagt Peter Schmid. Vermutlich lief der Vormensch mit komplett ausgestreckten Beinen und musste sich für jeden Schritt ein Stück weit um die eigene Achse drehen. Zudem lege der Aufbau seiner Füße nahe, dass er beim Gehen von außen nach innen abgerollt sei. Ein moderner Mensch würde sich bei solchen Verrenkungen wohl die Hüfte, die Knöchel und die Knie zerren.

War nun der *Australopithecus sediba* einer unserer Vorfahren? Fred Spoor vom Leipziger Max-Planck-Institut für evolutionäre Anthropologie grübelt: „Die Ergebnisse zeigen zwar, dass dieser *Australopithe-*

cus erstaunlich menschlich war, aber sie reichen nicht aus, um derart gewagte Schlüsse zu ziehen." Die ersten Vertreter der Gattung *Homo* – etwa *Homo rudolfensis* oder *Homo habilis* – seien schon mehrere Jahrhunderttausende vor dem *Australopithecus sediba* aufgetaucht. „Deren Urahn kann er also nicht gewesen sein", sagt Spoor. „Es sei denn, man würde diesen Spezies absprechen, dass sie zur Gattung *Homo* gehören." Peter Schmid findet diese Überlegung gar nicht so abwegig. Der Schädel und der Kiefer, die vom *Homo habilis* gefunden wurden, seien zwar schon sehr menschlich. „Doch das sind ja nur Fragmente. Man weiß also nicht, wie affenähnlich der Rest des Körpers war", so Schmid. Er hält es für denkbar, dass die späteren Menschenarten – wie etwa *Homo erectus* – aus *Australopithecus sediba* hervorgingen.

Fred Spoor schüttelt den Kopf. Zeitlich würde es zwar passen, da diese Spezies vermutlich vor rund 1,8 Millionen Jahren entstand. „Doch zwischen den beiden Arten liegt ein riesiger Entwicklungssprung. So schnell geht Evolution nicht", sagt Fred Spoor (siehe dazu auch Kapitel 4).

Homo ergaster: 1,9 Millionen Jahre alt, wird als früher Vertreter des *Homo erectus* angesehen.

Homo erectus: der bekannteste der Frühmenschen, der nachweisbar bereits vor 1,8 Millionen Jahren durch die Grasweiten Afrikas streifte.

Homo heidelbergensis: In Europa entwickelte sich der *Homo erectus* vor 780 000 Jahre zum *Homo heidelbergensis* weiter.

Homo neanderthalensis: entwickelte sich aus dem *Homo erectus/Homo heidelbergensis* vor 230 000 Jahren.

Denisova-Mensch: ähnelt dem Neandertaler, muss wie dieser ebenfalls vor etwa 30 000 Jahren ausgestorben sein.

Homo sapiens: erstes Auftreten des modernen Menschen vor rund 200 000 Jahren in Afrika.

Homo floresiensis: Diese kleine Menschenart, auch Hobbits genannt, tauchte vor etwa 95 000 Jahren in Indonesien auf und starb vor 17 000 Jahren aus. „Flora“ ist eine Neuentdeckung: Der Zwerg, der nur einen Meter groß wurde und dessen Kopf gerade mal die Größe einer Grapefruit hatte, wurde erst 2003 auf der Insel Flores entdeckt (siehe dazu auch Kapitel 7).

Erst kürzlich hat eine japanische Forschergruppe den Schädelknochen des Hobbits unter die Lupe genommen, sprich unter das Elektronenmikroskop. Erst einmal stellte sie fest, dass das Gehirn des Flores-Zwergs größer war als bisher angenommen. Dennoch sei das Denkorgan bei der Entwicklung dieser Art vermutlich deutlich geschrumpft – möglicherweise weil ein großes Gehirn in ihrer Umwelt nicht nötig war.

Bevor sich der Mensch nun auf der Insel Flores zum Zwerg zurückentwickelte, lebte dort der *Homo erectus* mit deutlich größerem Gehirnvolumen. Warum aber ist das Gehirn des Hobbits so klein geworden? Manche Forscher vermuten, die seltsame Gehirn- und Menschschrumpfung könnte von einer Krankheit herrühren. Um nun den Grund für den kleinen Kopf zu finden, untersuchten die Forscher des Teams von Daisuke Kubo von der Universität Tokio einen der Hobbit-Schädel per hochauflösender Computertomographie. Damit bestimmten sie das Gehirnvolumen auf etwa 426 Kubikzentimeter. Gleichzeitig gingen sie davon aus, dass das Gehirn des frühen *Homo erectus* etwa 860 Kubikzentimeter maß. Mindestens 50 Prozent des eingebüßten Gehirnvolumens – „wahrscheinlich viel mehr“ – erklärten sich durch die geringere Körpergröße des Hobbits, schreiben die Wissenschaftler weiter. „Das bedeutet, dass bis 50 Prozent seiner Hirngrößen-Verringerung durch andere Faktoren erklärt werden muss [sic].“ Für solche Schrumpfungsprozesse des Gehirns gebe es einige Belege von anderen Säugetieren, schreiben sie. Als Beispiele nennen sie ausgestorbene Höhlenziegen auf den Balearen oder madagassische Flusspferde. Die geringere Gehirnmenge habe vermutlich den Energieverbrauch reduziert, zumal der Hobbit nicht mit großen Fleischfressern konkurrieren musste – mit Ausnahme eines Riesenstorchs.

„Wir folgern, dass die Entwicklung des frühen *Homo erectus* zum *Homo floresiensis* auch in Bezug auf die Hirngröße möglich war", schreiben die Forscher. Das zeige, dass sich Menschenartige unter speziellen Bedingungen auch in gegensätzliche Richtungen entwickeln können – der Hobbit entwickelte sich rückwärts, um sich besser an die Umwelt anzupassen, was ihm allerdings nicht weiterhalf, denn er starb vor etwa 17 000 Jahren aus.

chiacchierare

schwatzen, plaudern

Heute vor 50 Jahren wurde Karol Wojtyla zum Erzbischof von Krakau ernannt. Der charismatische Priester wurde 1967 Kardinal und 1978 als Johannes Paul II. zum Papst gewählt. Der erste Pole auf dem Stuhl Petri, der vor allem die Jugend begeisterte, starb 2005.

EIN ITALIENISCHES RITUAL

Konjugieren Sie die Verben in Klammern im Indikativ Präsens.

Gli italiani dopo il lavoro o prima della pausa pranzo vanno di solito al bar e prendono un aperitivo. Bevono un vino bianco, uno spritz o un aperitivo analcolico e mangiano alcuni stuzzichini. L'aperitivo è un rito quotidiano in cui la gente s'incontra e chiacchiera prima di ritornare a casa o al lavoro.

Die Italiener gehen gewöhnlich nach der Arbeit oder vor der Mittagspause in die Bar und trinken einen Aperitif (wörtl.: nehmen einen Aperitif). Sie trinken einen Weißwein, einen Spritz oder einen alkoholfreien Aperitif und essen ein paar Häppchen. Der Aperitif ist ein tägliches Ritual, zu dem sich die Leute treffen und plaudern, bevor sie nach Hause oder zur Arbeit zurückkehren.

La gente – „die Leute" werden im Italienischen als Singular behandelt.

→ Grammatik siehe Anhang

UN RITO ITALIANO

:oniugate i verbi fra parentesi all'indicativo presente.

;li italiani dopo il lavoro o prima della pausa pranzo (andare) _______ li solito al bar e (prendere) _______ un aperitivo. (Bere) _______ un vino ›ianco, uno spritz o un aperitivo analcolico e (mangiare) _______ alcuni ·tuzzichini. L'aperitivo (essere) _______ un rito quotidiano in cui la gente incontrarsi) _______ e (chiacchierare) _______ prima di ritornare a casa › al lavoro.

chiacchierare

L

Lunedì

13

Gennaio

settimana	1	2	**3**	4	5
Lun		6	13	20	27
Mar		7	14	21	28
Mer	**1**	8	15	22	29
Gio	2	9	16	23	30
Ven	3	10	17	24	31
Sab	4	11	18	25	
Dom	**5**	**12**	**19**	**26**	

ANMERKUNGEN

1 Einziger Wermutstropfen in de Lumleys überaus erfolgreicher Laufbahn ist ein Wissenschaftsstreit, den 1983 seine ehemalige Mitarbeiterin lostritt. Paola Villa kommt nach 17 Jahren Forschung zu dem Ergebnis, dass es in Terra Amata vielleicht doch nicht frühe Menschen waren, die all die Kiesel zu Mauern fügten, sondern schlicht ein Fluss, der Steine in eine Form schwemmte, die wie der Grundriss einer Hütte wirkte. Kollege John Yellen vom amerikanischen Smithsonian Museum of Natural History kann das lapidar nur kommentieren: „Die Paläoanthropologie ist eine Welt, in der gar nichts sicher ist" (Notizblock aus der Steinzeit, DIE ZEIT, 17. Januar 2002).

2 Viele, wenn nicht die meisten ernst zu nehmenden Anthropologen seien irgendwann dazu übergegangen, die vor-neandertalerzeitlichen Fossilien in Europa als *Homo heidelbergensis* zu bezeichnen und die Bezeichnung *Homo erectus* auf die ost- und südostasiatischen Fossilien zu beschränken, sagt zu dieser Thematik Michael Bolus. Absolute Einhelligkeit herrsche dabei jedoch nicht (frdl. schriftl. Mitt. von Prof. Dr. Michael Bolus).

3 Zu Mammut-Treibjagd siehe unter vielen den Artikel „Auf Mammutjagd im Südschwarzwald", erschienen in der Zeitschrift Bild der Wissenschaft am 19. November 1997, und die Bücher von Brian Fagan *Die Eiszeit* und *Cro-Magnon*, erschienen im Konrad Theiss Verlag. – „Es ist wirklich verrückt, gerade die ersten Opfer der Urjäger waren fast durchweg Megaherbivoren", so Gerhard Bosinski (Die Spur des Jägers, DER SPIEGEL, H. 6, Jg. 2004, 140). Im Klartext: Die frühen Menschen töteten Flusspferde, Nashörner und Elefanten.

4 „Cuvier was by birth, education, and conviction a devout Lutheran, and remained Protestant throughout his life while regularly attending Church services. Despite this he regarded his personal faith as a private matter he [sic] evidently identified himself with his confessional minority group when he supervised governmental educational programs for Protestants. He was also very active in founding the Parisian Biblical Society in 1818 where he later served as a vice-president. From 1822 until his death in 1832, Cuvier was

Grand Master of the Protestant Faculties of Theology of the French University" (Encyclopædia Britannica).

5 „Unit D: ~26,000–32,000 RCYBP: 488 flax fibers, including 13 spun, 58 dyed (turquoise and gray to black), several exhibited cutting; some of the fibers are 200 mm long, others broken into shorter segments.
The flax fibers are interpreted by the archaeologists as representing the production of intentionally colored cloth, perhaps clothing. Additional data supporting their interpretation includes bits of tur (mountain goat) fur and small insect fragments often associated with clothing" (http://archaeology.about.com/od/middlepaleolithic/ss/textile_dzudzuana_2.htm; Zugriffsdatum: 17. Mai 2013).

6 „Was aber bedeutete es, Menschen an einem Ort zu organisieren und ihre Kraft über einen langen Zeitraum zur Verrichtung einer Arbeit und zur Erreichung eines Ziels zu konzentrieren? Es bedeutete nicht zuletzt ein Versorgungsproblem, da sie nicht ihrer gewohnten jägerischen Tätigkeit – und ganz sicher nicht in dem üblicherweise erforderlichen Ausmaß – haben nachgehen können. Verfolgen wir diese Überlegung noch einen Schritt weiter und stellen in Rechnung, dass damals auch die Kenntnis der Pflanzenkultivation schwerlich über erste Anfänge hinaus gediehen war, so drängt sich in Modifikation bestehender Hypothesen die Frage auf, ob nicht die ‚Erfindung' des Ackerbaus ein Epiphänomen dieser vielköpfigen Versammlungen der Jäger und der sie begleitenden Arbeitseinsätze war. Beobachten wir nicht gerade am Göbekli Tepe die Anfänge der arbeitsteiligen Gesellschaft? Können wir durch den dichten Schleier der Jahrtausende hindurch die Schemen von Steinmetzen, Baumeistern, Arbeitern, Sammlern, Jägern und eben auch von solchen Funktionsträgern erkennen, die sich um die intensive Nutzung von Wildgetreide und bald auch konkret des Ackerbaus kümmern mussten, um den Versorgungserfordernissen des großen Gemeinschaftswerkes gerecht zu werden? Ja, erwies sich nicht in diesem Kontext, dass der Göbekli Tepe – in dessen Umland sich noch heute Wildgetreidebestände finden – für diese Versorgungsmethode geradezu prädestiniert war und manche Vorzüge gegenüber den Fährnissen und Wechselfällen der Jagd bot? Finden wir deshalb am Göbekli Tepe Reibschalen aus Basalt in so gewaltiger Zahl? Es ist müßig, darüber zu spekulieren, wer welche Tätigkeit verrichtete; es ist jedenfalls völlig klar, dass in diesem Szenario die Last der Versorgungssicherung gleichermaßen auf den Schultern der weiblichen wie der männlichen Mitglieder der Gesellschaft ruhte" (Schmidt, Klaus: Sie bauten die ersten Tempel. Das rätselhafte Heiligtum der Steinzeitjäger. München 2006, 247).

7 Diese Feuerstellen werden inzwischen skeptisch beurteilt.

8 Ebenso ist der Fund aus der Kebara-Höhle sehr umstritten.

9 Diese Interpretation wird mittlerweile nicht mehr ernsthaft diskutiert. Die Entstehung der Fundschicht wird sehr kritisch bewertet.

10 So beeindruckend dieses Beispiel auch ist, so sollte man es durchaus kritisch betrachten, stellt sich doch die Frage, inwieweit man aus derartigen Experimenten eindeutige Erkenntnisse ableiten kann.

WEITERFÜHRENDE LITERATUR UND ANDERE MEDIEN

Arsuaga, Juan L.: Der Schmuck des Neandertalers. Auf der Suche nach den Ursprüngen des menschlichen Bewusstseins. Zürich 2003

Auel, Jean M.: Ayla und der Clan des Bären. München 2002

Auel, Jean M.: Ayla und das Tal der Pferde. München 2002

Auel, Jean M.: Ayla und die Mammutjäger. München 2002

Auel, Jean M.: Ayla und das Tal der Großen Mutter. München 2002

Auel, Jean M.: Ayla und der Stein des Feuers. München 2003

Auel, Jean M.: Ayla und das Lied der Höhlen. München 2011

Auffermann, Bärbel/Orschiedt, Jörg: Die Neandertaler. Eine Spurensuche. Stuttgart 2002

Bataille, Georges: Die Höhlenbilder von Lascaux oder die Geburt der Kunst. Stuttgart 1986

Bick, Almut: Theiss WissenKompakt: Die Steinzeit. Stuttgart 2012

Bolus, Michael/Schmitz, Ralf W.: Der Neandertaler. Stuttgart 2006

Bosinski, Gerhard: Urgeschichte am Rhein. Tübingen 2008

Bosinski, Gerhard/Fischer, Gisela: Der Magdalénien-Fundplatz Gönnersdorf V. Mammut- und Pferdedarstellungen. Stuttgart 1980

Bosinski, Gerhard/Wüst, Kathrin/Rotter, Bettina: Altamira. Stuttgart 1998

Braem, Harald: Die magische Welt der Schamanen und Höhlenmaler. Köln 1994

Chatwin, Bruce: Traumpfade. Frankfurt am Main 1994

Chauvet, Jean-Marie/Brunel Deschamps, Éliette/Hillaire, Christian: Grotte Chauvet bei Vallon-Pont-d'Arc. Altsteinzeitliche Höhlenkunst im Tal der Ardèche. Stuttgart 2001

Clottes, Jean/Courtin, Jean: Grotte Cosquer bei Marseille. Eine im Meer versunkene Bilderhöhle. Stuttgart 1995

Clottes, Jean/Lewis-Williams, David: Schamanen. Trance und Magie in der Höhlenkunst der Steinzeit. Stuttgart 1997

Conard, Nicholas J./Kölbl, Stefanie/Schürle, Wolfgang: Vom Neandertaler zum modernen Menschen. Begleitband zur Ausstellung in Blaubeuren ab Juni 2005. Stuttgart 2005

Conard, Nicholas J./Wertheimer, Jürgen: Die Venus aus dem Eis. Wie vor 40 000 Jahren unsere Kultur entstand. München 2010

Cook, Jill: Ice Age Art. The Arrival of the Modern Mind. Ausstellungskatalog zur Ausstellung im British Museum vom 7. Februar bis zum 26. Mai 2013. London 2013

Duerr, Hans Peter: Traumzeit. Über die Grenze zwischen Wildnis und Zivilisation. Frankfurt am Main 1984

Egg, Markus/Spindler, Konrad: Kleidung und Ausrüstung der Gletschermumie aus den Ötztaler Alpen. Regensburg 2009

Fagan, Brian: Die Eiszeit. Leben und Überleben im letzten großen Klimawandel. Stuttgart 2009

Fagan, Brian: Cro-Magnon. Das Ende der Eiszeit und die ersten Menschen. Stuttgart 2012

Fleckinger, Angelika: Ötzi 2.0. Eine Mumie zwischen Wissenschaft, Kult und Mythos. Stuttgart 2011

Floss, Harald (Hrsg.): Steinartefakte. Vom Altpaläolithikum bis in die Neuzeit. Tübingen 2012

Friedell, Egon: Kulturgeschichte Ägyptens und des Alten Orients. München 1983

Gamble, Clive: Interaction and alliance in palaeolithic society. In: Man. The Journal of the Royal Anthropological Institute of Great Britain and Ireland 17, 1982, 92–107

Gimbutas, Marija: Das Ende Alteuropas. Der Einfall von Steppennomaden aus Südrußland und die Indogermanisierung Mitteleuropas. Innsbruck 1994

Gimbutas, Marija: Die Sprache der Göttin. Das verschüttete Symbolsystem der westlichen Zivilisation. Frankfurt am Main 1995

Gimbutas, Marija: Die Zivilisation der Göttin. Die Welt des Alten Europa. Frankfurt am Main 1996

Guthrie, Dale R.: Ethological observations from paleolithic art. In: Bandi, Hans Georg/Huber, Walter/Sauter, Marc-Roland (Hrsg.): La contribution de la zoologie et de l'éthologie de l'art de peuples chasseurs préhistorique. Fribourg 1984, 35–74

Heidefrau Christmann, Elke: ArcheLogie – Frauendarstellungen in der Altsteinzeit. Wer schuf sie? In: Brandt, Helga/Fries, Jana/Mertens, Eva-Maria (Hrsg.): Frauen – Forschung – Archäologie. Bericht über die 2. Tagung des Netzwerks archäologisch arbeitender Frauen. Münster 1995, 67–77

Heine, E. W.: New York liegt im Neandertal. Die abenteuerliche Geschichte der Menschen von der Höhle bis zum Hochhaus. Zürich 1986
Husemann, Dirk: Die Neandertaler. Genies der Eiszeit. Frankfurt/New York 2005
Husemann, Dirk: Tod im Neandertal. Akte Ötzi. Die ungelösten Fälle der Archäologie. Stuttgart 2012
Kuckenburg, Martin: Auf den Spuren des ersten Europäers. Stuttgart 2005
Leroi-Gourhan, André: Die Religionen der Vorgeschichte. Frankfurt am Main 1981
Lister, Adrian/Bahn, Paul: Mammuts. Riesen der Eiszeit. Stuttgart 2009
Mania, Dietrich: Auf den Spuren des Urmenschen. Die Funde von Bilzingsleben. Stuttgart 1990
Marshall Thomas, Elizabeth: Die Frau des Jägers. München 1990
Müller, Stephanie/Schrenk, Friedemann: Die Neandertaler. München 2010
Müller-Karpe, Hermann: Geschichte der Steinzeit. Augsburg 1998
Peschlow-Bindokat, Anneliese: Frühe Menschenbilder. Die prähistorischen Felsmalereien des Latmos-Gebirges. Mainz 2003
Rau, Susanne/Naumann, Daniela/Barth, Martina/Mühleis, Yvonne: Eiszeit. Kunst und Kultur. Stuttgart 2009
Röder, Brigitte/Hummel, Juliane/Kunz, Brigitta: Göttinnendämmerung. München 1996
Rothe, Peter: Erdgeschichte. Spurensuche im Gestein. Darmstadt 2009
Schmidt, Klaus: Sie bauten die ersten Tempel. Das rätselhafte Heiligtum der Steinzeitjäger. München 2006
Schrenk, Friedemann/Bromage, Timothy G.: Adams Eltern. Expeditionen in die Welt der Frühmenschen. München 2002
Shostak, Marjorie: Nisa erzählt. Das Leben einer Nomadenfrau in Afrika. Reinbek bei Hamburg 1982
Spindler, Konrad: Der Mann im Eis. München 2000
Storch, Eduard: Die Mammutjäger. Wien 1955
Sulzenbacher, Gudrun: Die Gletschermumie. Mit Ötzi auf Entdeckungsreise durch die Jungsteinzeit. Wien 2012
Thieme, Hartmut: Die Schöninger Speere. Mensch und Jagd vor 400 000 Jahren. Stuttgart 2007
Van der Post, Laurens: Die verlorene Welt der Kalahari. Zürich 1995
Van der Post, Laurens: Das Herz des kleinen Jägers. Zürich 1995
Weinland, David Friedrich: Rulaman. Erzählung aus der Zeit der Höhlenmenschen und des Höhlenbären. Tübingen/Stuttgart 1950
Wynn, Thomas/Coolidge, Frederick L./Hartz, Cornelius: Denken wie ein Neandertaler. Darmstadt 2013

Internet:
Paul Serenos Website: alles über Dinosaurier unter http://paulsereno.uchicago.edu/

Filme:
Herzog, Werner: Die Höhle der vergessenen Träume. 2012, auf DVD und Blu-ray
Prehistoric Autopsy, Serie von BBC 2, drei Folgen (auf DVD erhältlich): Neanderthal, *Homo erectus* und Lucy

Sachregister

Register der Orte, Länder, Regionen, Täler, Gebirge und Gewässer

Personenregister